장순흥의
# 교육

# 장순흥의 교육

ⓒ 장순흥 2023

초판 1쇄    2023년  1월  13일

지은이        장순흥

| | | | |
|---|---|---|---|
| 출판책임 | 박성규 | 펴낸이 | 이정원 |
| 편집주간 | 선우미정 | 펴낸곳 | 도서출판 들녘 |
| 편집 | 이동하·이수연·김혜민 | 등록일자 | 1987년 12월 12일 |
| 디자인 진행 | 전영진 | 등록번호 | 10-156 |
| 디자인 | 고유단 | 주소 | 경기도 파주시 회동길 198 |
| 마케팅 | 전병우 | 전화 | 031-955-7374 (대표) |
| 멀티미디어 | 이지윤 | | 031-955-7381 (편집) |
| 경영지원 | 김은주·나수정 | 팩스 | 031-955-7393 |
| 제작관리 | 구법모 | 이메일 | dulnyouk@dulnyouk.co.kr |
| 물류관리 | 엄철용 | | |

ISBN        979-11-5925-993-7(03370)

문제로 달려가는 자기학습성장과
협업으로 이루는 혁신교육 PSC

# 장순흥의
# 교육

푸른들녘

# 공부는 아름다운
# 용기이자 즐거운 놀이입니다

교육 외길을 걸어온 지 40년이 훌쩍 지났습니다. 세상과 기술은 많이도 변했지만, 교육의 본질은 변하기 어려운 것인가 보다, 하면서 살아왔습니다. 그러나 디지털 혁명과 코비드 팬데믹이 가져온 거대한 디지털 비대면 물결 속에서 이제는 "교육 개혁이 없이는 미래도 없다"는 절박한 심정을 갖게 되었습니다.

저는 KAIST 기획처장, 교무처장, 부총장으로서 10년의 개혁기를 보냈고, 한동대학교 총장으로서 8년을 보내며 항상 마음속으로 교육의 미래를 고민했습니다. 그리고 이제 PSC 교육이라는 단어를 여러분 앞에 처음으로 말씀드립니다. 이것은 지난 시간 저의 교육 속에 늘

파도치던 주제였지만, 명확하게 잡히지 않는 신기루 같은 것이었습니다. 그러나 이제 교육의 현장에서 한발 뒤로 물러나 긴 호흡의 성찰을 하는 중에, PSC 교육방법이 또렷이 저의 마음에 떠올라 저의 열정을 흔드는 것이 되고 말았습니다.

"교육은 백년대계"라고 합니다. 저는 100년을 넘어 1000년 동안 흐를 이야기를 하고 싶었습니다. 그리하여 1000년을 담을 마음으로 오늘을 유심히 지켜보았습니다. 교육의 시작은 바로 "문제 하나"를 잘 찾는 것입니다. 오늘날 길을 잃고 여러 가지를 포기한 분이 있다면 PSC 교육은 분명 유용하실 겁니다. 두드리십시오. 그러면 열릴 것입니다. 좋은 문제 하나만 잡아든다면 여러분의 인생은 하나의 의미로 우뚝 서게 됩니다. 문제를 풀기 위해 우리는 우리의 역량을 키워 문제를 해결할 정도까지 스스로 공부해야 합니다.

이제 제가 스스로 학습하는 길과 방법을 여러분에게 제시하려 합니다. 부디 자신에게 주어진 역량을 믿고 나가시길 바랍니다. 이것은 고난의 행군이 아니고 즐거운 놀이입니다. 공부는 즐거운 일이지, 남과 비교하며 한숨짓는 그런 고역이 되어서는 안 됩니다. 그러나 어느새 우리의 교육은 스스로를 저주하는 끝없는 비교의 시시포스 언덕이 되고 말았습니다. 오직 내가 잡은 문제 하나를 풀어낼 역량까지만 달려가면 됩니다. 그리고 무엇보다 그렇지 못하다고 하더라도 문제를 잡고 협력자를 찾아내는 아름다운 용기를 권유합니다. 그 협업의 결과는 우리가 가슴에 품은 문제가 풀리는 찬란한 빛의 발화가 될 것입니다. 언제나 타인을 바라보는 마음과 자세는 이 길의 등불입니다. 그래서 저는 인성이란 단어를 이 교육에 첨가했습니다.

사랑하는 여러분, 우리에게는 언제든 새로운 길을 걸어갈 권리가 있습니다. 교육이 짐이 된 시대에 스스로 공부하며 세상을 변화시킬 문제를 묻는 이 위대한 여정에 여러분을 초대합니다.

# 장순흥
# 교육의 철학

이재영　　장순흥

저는 과학자잖아요. 과학은 가설을 세우고, 실험으로 입증하는 일련의 과정이지요. 그래서 저는 새로운 교육을 말하고 동시에 그것이 이 변화무쌍한 세계 속에서 얼마나 유효한지 확인하고 싶습니다.

티칭 전성시대에서 러닝 전성시대로 확 바꿔야 합니다. 보세요. 세상이 너무 빨리 변하고 있지 않습니까? 지식과 역량을 체계화할 틈이 없을 만큼의 빠른 변화를 자각하면 변화는 쉽습니다.

선생님, 이런 뜻깊은 자리를 만들어주셔서 감사합니다. 교육에 대한 새로운 아이디어를 나눠주고 싶으시다고요, 왜 새로운 교육입니까?

 제가 1982년도 KAIST에서 교수 생활을 시작한 뒤로 벌써 40년의 세월이 흘렀습니다. 그사이 전 세계적으로 정말 많은 변화가 있었지만, 우리나라 교육만큼은 잘 변하지 않는다는 것을 절감했습니다. 카이스트에서 기획처장, 교무처장, 부총장으로 재직하던 시절 10년간 수많은 개혁을 주도했는데, 이후에는 별로 큰 변화가 없다는 이야기도 있습니다. 한동대학교 총장으로 8년간 인성·영성을 접목한 전문인 교육을 했지만, 늘 마음 깊은 곳에 드는 생각은 교육만큼 변화시키기 어려운 것이 없다는 생각입니다. 생각해보면 우리나라가 육이오 전쟁의 잿더미에서 G10으로 선진국에 다가서고 있고, 시대는 4차 산업혁명으로 들끓는데, 변화 없는 3차 산업혁명 시대의 교육을 지속한다는 것이 얼마나 어리석은 일일까요? 그리고 이제는 학령인구가 줄어들어 이전의 대학 규모와 교육으로는 지탱할 수 없는 한계 상황이 되었습니다. 초고령 사회로 다가가는 상황에 대학입시 성적으로 인생을 결정하는 그런 줄 세우기 식의 학력 사회는 급격히 무너지고 있습니다. 이제 학벌보다는 개인의 역량과 학습능력, 그리고 새로운 문제를 찾아내고 해결하는 능력, 이런 것이 더욱 필요한 시대가 되었지요. 그래서 저는 새로운 교육을 부르짖어야겠다고 생각했어요. 그리고 말만 할 것이 아니라 실제로 실험적인 시작을 해야겠다고 결심했습니다. 저는 과학자잖아요. 과학은 가설을 세우고, 실험으로 실증하는 일련의 과정이지요. 그래서 저는 새로운 교육을 말하고 동시에 그것이 이 변화무쌍한 세계 속에서 얼마나 유효한지 확인하고 싶습니다.

 총장 시절에 교육 변화를 위해 많은 일을 하시고 좋은 말씀을 많이 해주셨지만, 한동대 총장직을 물러나신 뒤로 더 잘 보이시나 봐요.

그러네요. 한동대학교에서 8년, 총장으로서 당장 산적한 현안들을 해결하고 안정적인 학교 발전을 이룩해내는 일과 더불어 혁신적인 교육을 주문했지만 충분하지 않았습니다. 포항에 닥쳤던 지진 피해를 극복하고 수업을 정상화하는 것, 그리고 COVID로 인한 비대면 교육의 전격 시행과 학생 안전을 위한 다양한 조처들, 정말 숨 가쁘게 보낸 시간이었어요. 그러다가 총장직을 내려놓고 이것저것 생각하던 중 이제 장순흥의 교육을 설명할 때가 되었다는 각성의 순간이 오더군요. 바둑도 훈수를 두는 사람들이 수 읽기가 빠른 것처럼, 현장에서 벗어나니 더 확실히 보였습니다. 교수님들에게 부분적으로 이야기를 많이 했지만, 충분히 구조를 갖고 전달하지 못했다는 후회도 조금은 있습니다. 그러나 지금은 또렷해졌습니다. 그리고 많은 교육전문가와 이야기하면서 확신이 더 들었고, 돌이켜보니 저의 교육이란 것이 이런 것이었구나 하는 깨달음도 왔고, 저스스로 이런 방식으로 살아왔고, 이런저런 성공체험을 했다는 것을 알게 되었어요. 그래서 이제 정리를 해서 알려야겠다는 생각을 하게 됐습니다.

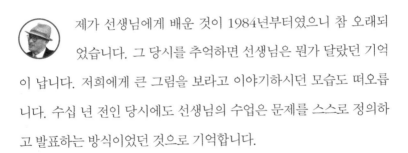

제가 선생님에게 배운 것이 1984년부터였으니 참 오래되었습니다. 그 당시를 추억하면 선생님은 뭔가 달랐던 기억이 납니다. 저희에게 큰 그림을 보라고 이야기하시던 모습도 떠오릅니다. 수십 년 전인 당시에도 선생님의 수업은 문제를 스스로 정의하고 발표하는 방식이었던 것으로 기억합니다.

이 선생께서 예전 일을 추억하다니, 세월이 참 많이 흐른 모양입니다. 당시 이 선생도 좀 독특한 학생이었어요. 매우 마른 체형이었는데, 밥도 참 많이 먹었던 것 같고, 체력이 정말 좋아서 밤도 잘 샜던 것이 떠오르네요. 공부도 잘해서 수석으로 들어왔었고, 당시에 대부분 S대 학생들만 들어오던 시절인데 H대에서 수석으로 들어와 조금 색달랐죠. 이 선생이 대학 시절 어떻게 공부했나 궁금하기도 해요. 나중에 자기학습 부분에서 조금 비법을 털어놔 봐요. 훌륭한 제자들과 함께 협업한 것이 저의 교육 인생에서 큰 행운이었지요. 이제 모두 성장하여 우리나라를 짊어지고 나가는 리더들이 되었습니다.

당시 저희는 교수님들을 박사님이라고 불렀지요. 장 박사님, 노 박사님 이런 식으로요. 저도 교수 생활을 오래 하다 보니 일반 대학에서는 박사보다는 교수를, 교수보다는 종종 선생님이라는 호칭을 선호하더라고요. 당시 KAIST는 이공계 특유의 자기들만의 문화를 갖고 있었던 것 같습니다. 특히 선생님 제자들이 기관장이나 기업 임원들이 특히 많은 것도 흥미로운 일입니다. 선생님의 특별한 교육 철학과 방법이 그런 결과를 낳은 것으로 보입니다. 리더십을 키워주신 부분이죠. 지도 교수님의 성향에 따라 학생들의 성향도 많이 달라지기에 선생님의 교육은 과학기술 이상의 것이 있었다는 것을 저희끼리 만나면 이야기하곤 합니다. 당시에도 차이를 보여주셨는데, 무엇이 다른 점이었나요?

대학원생들에게 주어진 문제를 해결하는 일은 다른 실험실과 다를 바가 없지요. 하지만 저의 연구실은 원자력 안전 실험실이라고 명명했는데, 사실 원자력 안전이란 게 기술적인 부분만 있는 것이 아니죠. 원자력 발전소가 안전하기 위해서는 얼마나 안전한지를 계량화하는 방법도 개발해야 할 뿐 아니라, 특히 사람이라는 요소가 안전에 어떻게 개입하는가를 구체적으로 정리하는 일도 중요하지요. 원자로를 설계하는 사람, 원자로를 감독하는 사람, 원자력을 반대하는 사람, 원자력발전소 주변의 사람, 원자력으로 사업하는 사람, 원자력에 종사하는 사람…. 이런 사람들의 문제도 중요합니다. 그리고 이 사람들이 평시나 비상시에 안전을 향한 마음을 갖고 행동을 하도록 하는 것이 중요하죠. 당시에도 저는 인공지능의 도움을 받아야 한다는 점을 강조했지요. 이런 연구 주제 자체가 사람과 기술을 함께 보는 능력을 제자들에게 심어준 것 같습니다. 그래서 이들이 사람을 이해하는 능력이 다른 과학기술자들보다 앞섰고, 결국 지도자로서 설 수 있었던 것 같습니다.

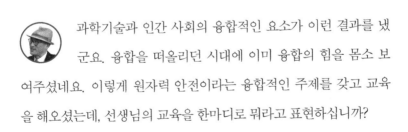

과학기술과 인간 사회의 융합적인 요소가 이런 결과를 냈군요. 융합을 떠올리던 시대에 이미 융합의 힘을 몸소 보여주셨네요. 이렇게 원자력 안전이라는 융합적인 주제를 갖고 교육을 해오셨는데, 선생님의 교육을 한마디로 뭐라고 표현하십니까?

한마디로 PSC 교육이에요. P는 문제 발견 및 해결(Problem Finding and Solving), S는 자율학습(Self Learning), 그리고

C는 협업(Collaboration)입니다. 이 세 가지 요소의 첫 글자를 따서 PSC 교육이라고 이름지었어요.

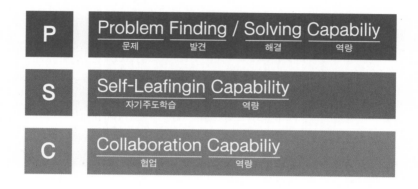

홍미롭습니다. 얼핏 들으니 요즘 유행하는 PBL, 문제 기반 학습(Problem-based Learning), 혹은 문제 중심 학습하고 유사해 보이는데 무슨 차이가 있죠?

우리가 배우던 교과서를 한번 떠올려보세요. 교과서에는 지식을 설명해놓고는 중간중간에 연습문제인 Exercise를 줍니다. 이런 방식은 문제와 더불어 답을 보여줘요. 학생들은 그것을 따라가면서 자기가 이해한 것이 제대로 되었나를 점검합니다. 그리고 한 챕터가 끝날 때마다 많은 문제를 풀게 되지요. 그러고는 그 문제들을 다 풀면, 이제 지식을 확실히 이해했다, 여태 배운 내용이 다

내 것이 되었다고 생각합니다. 이런 방법이 바로 과거의 교과서 중심 교육이에요. 여기선 제일 중요한 게 교과서입니다. 그래서 교과서를 끝없이 개정하고 있어요. 한때 이렇게 정형화된 문제를 잘 풀면 공부를 잘하는 것이라고 하여 미시간 대학 같은 경우에는 문제와 답을 풀어놓은 샴 시리즈라는 문제 해답집을 냈고, 대학생들이 열심히 이걸 들고 다니며 풀었던 기억도 납니다. 우리나라의 대학입시 준비와 비슷해서 많은 인기를 끌었지요. 하지만 시대가 달라지면서 학제 간 융합 주제들도 많이 나오고, 문제 자체가 정형화되지 않게 되었습니다. 그래서 조금 큰 문제를 던져주고 그것을 스스로 해결해 가는 과정에 지식을 습득하는 교육이 PBL이라는 이름으로 요즘 대학에서 시행되고 있지요. 하지만 이 경우에도 문제는 교수가 던져주는 경우가 대부분입니다. 학생은 그 문제를 풀기 위해 홈워크를 하게 되는데, 이것을 여럿이 하면 팀 프로젝트라고 부르죠. 그러나 아직 제가 말하는 PSC까지 나갈 수 있는 단계는 아닙니다. 제가 강조하는 PSC는 지식을 많이 습득하게 하는 것보다는 정말 중요한 문제를 찾고 그것을 풀어내는 것에 집중하기 때문이에요. 문제를 찾는 것에 어쩌면 시간의 반 정도를 들여야 할 것입니다. 문제를 찾기 위해 문제에 질문하고 또 질문하여 풀만 한 가치가 있고, 풀 수 있는 단계까지 내려가는 것이죠. 그래서 단순한 지식학습을 넘어, 관련된 지식을 스스로 깨우치고 부족한 부분을 협동하여 문제해결로 새로운 가치를 만들어내는 것까지

## 문제 기반 학습

문제 기반 학습 또는 문제 중심 학습(problem-based learning, PBL)은 제시된 실제적인 문제를 학습자들이 해결하는 과정에서 학습이 이루어지는 학생 중심의 학습 환경(student-centered learning)이자 모형이다. 학생들은 사고 전략과 영역 지식을 함께 배우게 된다. 문제 중심 학습의 형태는 의학 교육에서 출발하였는데 현재는 다른 분야에서도 쓰이고 있다. 문제 중심 학습의 목적은 유연한 지식, 효과적인 문제해결 능력, 자기 주도 학습, 효과적인 협업 능력, 내재적 동기를 학생들이 계발하도록 돕는 데에 있다. 문제 중심 학습은 능동적 학습의 한 가지 양식이다. 학생들은 협업을 통해서 이미 알고 있는 것과 알아야 할 것, 문제해결에 도움이 될 정보가 어디에 있으며 어떻게 접근해야 하는지를 찾아내게 된다. 교수자(튜터)의 역할은 학습 과정을 관찰하고 안내하고 보조함으로써 학습을 촉진하는 것이다. 이때 튜터(tutor)는 학생들에게 문제에 도전할 수 있는 자신감을 형성하고 격려해줌과 동시에 학생들의 이해를 확장시켜야 한다. 문제 중심 학습은 주로 강의 중심의 전통적인 교수 학습 철학에서 벗어나고자 하는 패러다임 이동을 대표하며 그 구성 요소들은 전통적인 교실/강의 교수법과 매우 다르다.

나간다는 점에서 지금 시행되는 PBL과 차이가 있습니다.

 그렇군요. 문제라는 단어를 쓰는 건 동일하지만 그 둘 사이엔 분명 차이가 있는데요? PBL이 지식을 얻는 것으로 인도하는 문제를 푼다면, PSC는 진정으로 시대와 세계를 위한 문제를 발견하는 것이고, 지식을 얻는 것보다 그 해결을 찾아내는 것이 더 중요하다는 점에서 차이가 있군요. 수업을 위해 팀 단위로 운영하고, 주어진 시간까지 문제를 해결하기 위한 공부를 하는 것과 달리, 문제를 발견하고 정의하는 과정(P)에 자기학습(S)과 협업(C)이 시작되고 심화하는 것이라는 생각이 얼핏 들었습니다. 제가 생각한 것이 어느 정도 맞는 것인지요?

 네, 상당히 많이 접근했습니다. 산업화시대에는 공정에 필요한 표준화된 인재가 필요했어요. 그래서 교과서라는 표준적인 지식 콘텐츠를 갖고, 많은 학생에게 교육하는 방식을 채택했습니다. 그리고 학생들의 등급을 매겨서 산업사회가 이들을 수준에 맞게 고용하는 형태의 인력 수급체계를 갖추었지요. 당연히 대학 역시 그들이 지닌 교육과 환경 품질에 따라 등급이 결정되었는데요, 이것이 곧 명성으로 인식되기 시작했습니다. 그다음부터는 다 아시는 대로 대학 이름을 일렬로 세우는 별난 줄서기의 전통이 확고해졌습니다. 이후로 유명한 대학의 A 학점과 그렇지 않은 대학의 A 학점이 같을 수 있느냐 하는 질문은 자연스러운 것이 되었고, 어느 대학 출신 인가로 사람을 평가하는 일이 상식인 것처럼 간주되었습니다. 그러 나 아이러니하게도 4차 산업혁명을 주도한 대표적인 사람들은 대학 중퇴자들이죠. 애플을 창업한 스티브 잡스(Steven Paul Jobs, 1955~2011)가 그렇고 페이스북을 만든 마크 저커버그(Mark Elliot Zuckerberg, 1984~)도 그렇지요. 학벌이 모든 것을 설명하는 시대가 지나가고 있습니다. 이유는 많은 경우 사람이 수행하던 일들을 기계 가 감당하게 되었기 때문입니다. 이제 산업화 시대의 대량교육시스 템은 큰 위기를 맞았습니다. 대학을 나와도 취직이 잘 안 되는 것은 이제 주변에서 흔히 볼 수 있는 일입니다. 산업체의 수요에 맞추어 맞 춤형으로 교육하자는 정부의 노력도 크지만, 이런 것만으로 산업체와 학생의 각기 다른 눈높이를 맞추기엔 역부족입니다.

대학 총장으로서 이런 문제를 풀기 위해 노력을 많이 하신 것을 곁에서 보아 잘 알고 있습니다. 이전 세대에 비해 매 우 많은 것을 포기한 세대라고 불리는 MZ 세대에게 오래된 교육 방 식을 그대로 적용했다가는 낭패를 볼 게 자명한데요. 저 역시 그런 경 험을 많이 했습니다. 이제는 어느 정도 함께 호흡하는 상태가 되었지 만, 제 기억으로는 대략 2015년 이후부터 몇 년간 혼돈이 좀 있었던 것 같습니다.

 이 선생은 어떤 어려움을 겪었나요?

 이전에 힘주어 말하던 이야기들이 안 먹힌다는 것을 알게 되었습니다. 예전 같았으면 학생들이 눈동자를 초롱초롱 빛내며 숙연한 분위기에서 집중했을 이야기가 이제 더는 아이들의 반응을 끌어내기 어렵다는 거예요. 물론 SNS가 발달했고, 학생들 사이에 많은 정보가 다른 방향으로 공유되긴 합니다. 2015년경에 '단톡방'이란 게 만들어져 너 나 할 것 없이 서너 개 단톡방에 가입하여 활동하는 것도 하나의 예죠. 다양한 연배의 사람들이 단톡방에 이런저런 정보를 많이 흘리는데, 그러다 보니 가짜 뉴스도 범람합니다. 학생들 사이에서도 마찬가지 일들이 벌어지는 것 같습니다. 그래서 저도 어느 순간 학생들에게 물어보기 시작했습니다. 문제는 어떻게 내는 것이 좋을까, 평가는 어떻게 하면 좋을까, 발표는 어떤 식으로 하면 좋을까, 하고 말입니다. 학생이 선생이 되고 제가 학생이 된 기분이었습니다. 그런데 이렇게 하다 보니 당연한 대답이 아닌 다른 대답이 종종 나오더군요. 그걸 보면서 이제 세상이 완전히 달라졌구나, 하고 인정하게 되었습니다.

그렇죠? 이제 학문적 탁월성만으로는 인정받을 수 없는 시대가 되었어요. 공정한 기회, 공정한 평가, 이런 것들을 더 많이 요구하는 시대지요. 그런 가운데 학생들에게 인정받고 존경을 받는다는 것은 정말 어려운 일일 듯하지만 어찌 보면 그런 선생님이 진짜 필요하다는 뜻이기도 합니다. 교육은 어차피 학생과 함께해야 하니까요. 이 선생도 느꼈겠지만 이제 더는 과거의 교육 방법이나 과거의 교육체계로 미래 세대를 키워낼 수 없습니다. 이미 한계에 도달했다는 게 지론이에요. 교육 개혁을 외쳤던 1994년 소위 531 교육개혁은 당시엔 혁신적이었지만 이제는 아닙니다. 파격적인 교육이 이미 시작되고 있습니다. 여기서 우리는 정신을 똑바로 차리고 다음 세기를 리드할 우리의 인재를 키워내야겠지요.

## 531 교육개혁

김영삼 정부가 출범하면서 대통령 직속 교육개혁 전담기구인 교육개혁 위원회가 1994년 2월 5일에 설치되었다. 교육개혁위원회는 세계화·정 보화 시대의 문명사적 전환에 대응하기 위한 국가적 생존전략이자 교 육적 병폐를 해결하기 위한 종합적인 대책을 마련해야 했다. 1994년 9 월 5일 교육개혁위원회는 '신한국 창조를 위한 교육개혁의 방향과 과제' 를 보고하는 자리에서, 교육재정의 확충, 대학교육의 국제경쟁력 강화, 사학의 자율과 책임 제고 등을 우선 추진 3대과제로 설정하였고, 이를 포함하여 11개 교육개혁 과제를 선정하였다. 이를 토대로 1995년 5월 31일 '신교육체제 수립을 위한 교육개혁방안'('5·31교육개혁안')을 발표하 기에 이른다.

교육개혁위원회에서는 교육개혁을 열망하는 국민적 여망에 부응하고 자 일시적·대중적 개혁안이 아닌 근본적 교육개혁을 추진하기로 하고 한국 교육체제의 총체적 틀을 재조명하기로 하였다. 아울러 그동안 제5 공화국의 교육개혁심의회, 제6공화국의 교육정책자문회의의 개혁안이 대통령에 대한 단순한 자문 기능에 그친 점을 극복하기 위해, 국민 여론 과 관계 부처의 의견을 최대한 수렴하여 교육개혁위원회에서 의결된 과 제는 전적으로 국가 과제로서 확정하여 추진하도록 하였다. 교육개혁위 원회는 이처럼 추진력 높은 개혁안을 마련하기 위해, 200여 차례의 소 위원회와 50여 차례의 운영위원회를 개최하여 개혁안을 검토하였으며,

80여 개의 각급 학교를 현장 방문하여 일선 교육자의 의견을 듣고, 두 차례의 여론조사와 440여 건의 일반 국민들의 제안을 접수·검토하였으며, 선진 8개국을 방문하여 최근 교육개혁 동향을 연구·조사하였다. 또 각종 공청회 및 정책간담회를 개최함은 물론이고, 10여 차례에 걸쳐 당·정 등 관련기관과 정책협의회를 갖고 개혁안의 실현 가능성과 관련 집단 및 국민 여론을 신중하게 점검하였다.

'5·31교육개혁안'은 9개 분야에 걸쳐 48개 과제를 제시하고 있다. 이는 기존의 개혁안이 대학입시 문제에 그치는 단기적·대증적 수준을 넘어 우리나라 교육의 근본틀을 전환하려는 제안으로서 한국 교육개혁의 역사에서 획기적인 것이었다. '5·31교육개혁안'은 대통령에게 보고된 후, 국무총리를 위원장으로 하는 교육개혁추진기획단에서 향후 집행 방안을 심의하였고, 이를 교육부 및 교육행정기관, 그리고 학교 현장에 전달하여 집행하게 되었다. 그 주요 내용은 아래와 같다.

**가)** 열린교육사회·평생학습사회 기반 구축: 학점은행제 도입, 학교의 평생교육 기능 확대, 학교의 전·편입학 기회 확대, 최소전공인정학점제 도입, 원격교육 지원체제 구축.

**나)** 대학의 다양화와 특성화: 대학 모형의 다양화와 특성화, 전문대학원 설치, 대학설립·정원·학사 자율화, 대학평가 및 재정지원 연계 강화, 대학교육의 국제화.

**다)** 초·중등 교육의 자율적 운영을 위한 '학교공동체' 구축: 학교운영위
  원회 설치, 학교장·교사 초빙제 시범 실시.

**라)** 인성 및 창의성을 함양하는 교육과정: 교육과정 개선 및 운영의 다
  양화, 자기주도적 학습능력 향상, 교과서 정책 개선, 방과후 교육활
  동 활성화, 영재교육 강화, 세계화 교육 실시.

**마)** 국민의 고통을 덜어주는 대학입학제도: 국·공립 및 사립대학의 입학
  제도 개선, 학교생활기록부제 도입.

**바)** 학습자의 다양한 개성을 존중하는 초·중등 교육 운영: 고등학교 유
  형의 다양화 및 특성화, 평가와 행·재정 지원 연계, 초등학교 입학
  연력 탄력 적용, 중·고등학교 선택권 부여.

**사)** 교육공급자에 대한 평가 및 지원체제 구축: 교육규제완화위원회 설
  치, 교육과정평가원 설치.

**아)** 품위 있고 유능한 교원 양성: 교원양성기관 교육과정 개편 및 임용
  제도 개선, 능력 중심 승진 및 차등보수 체계 개선, 교원 자율 출·퇴
  근제 시범 실시, 교장 명예퇴직제 실시.

**자)** 교육재정 GNP 5% 확보.

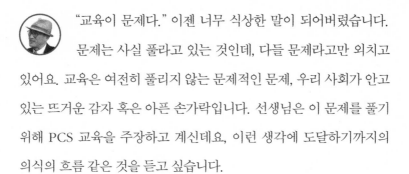

"교육이 문제다." 이젠 너무 식상한 말이 되어버렸습니다. 문제는 사실 풀라고 있는 것인데, 다들 문제라고만 외치고 있어요. 교육은 여전히 풀리지 않는 문제적인 문제, 우리 사회가 안고 있는 뜨거운 감자 혹은 아픈 손가락입니다. 선생님은 이 문제를 풀기 위해 PCS 교육을 주장하고 계신데요, 이런 생각에 도달하기까지의 의식의 흐름 같은 것을 듣고 싶습니다.

KAIST에서 개혁을 시도했을 때만 해도, 탁월한 학생과 교수를 놓고 어떻게 더 효과적으로 앞서 나갈 것인가를 고민했습니다. 누가 좋은 교육 방법을 소개해준다면 얼마든지 수용하고 시행할 능력이 있는 기관이었으니까요. 그래서 저는 최초로 연봉제도를 도입하고, 엄격한 교수 평가를 거쳐 한 해에 서른 명 정도 교수님들을 탈락시켰습니다. 영재들을 모으는 데 있어서 단순히 성적만을 보는 게 아니라 학생들의 특성이나 성향으로 거의 모든 것을 판단하는 수시모집 제도를 처음 시행했고요. 연봉제, 교수정년심사, 입학사정관과 함께하는 수시모집제도, 이 세 가지 일이 아마 우리나라 대학 사회의 개혁을 촉구하는 강력한 불씨가 되었던 것 같습니다. 당시 총장이었던 서남표 식의 교육 개혁이라고 알려진 일들이죠. 그 이전에는 노벨상 수상자인 **러플린**(Robert Betts Laughlin, 1950~) 박사를 총장으로 모셔 함께 일했습니다. 러플린 총장은 다양한 면모를 보여주었습니다. 지금이나 그때나 교수 업적 평가에서 논문 숫자는 매우 중요한 판단 기준인데요, 러플린 총장은 노벨상을 받았음에도 불구하고 실제 논문 숫자는 삼십여 편에 불과했습니다. 우리의 평가 체계의 허점을 실제로 보여주고 있는 사례죠. 양에서 질로의 평가 전환은 매우 중요한 사항이었습니다. 목표를 양으로 정하면 반드시 맞추긴 하지요. 못 맞추면 탈락하는 거니까 겉으로는 공정해 보입니다. 그러나 이는 실로 매우 불공정한 기준입니다. 사람마다 발전하거나 성취하는 속도나 양상이 다르다는 것을 인정하지 않은 거잖습니까? 러플린의 경우도 그래요. 그는 중요한 문제에 집중했고, 논문 숫자에 집중하지 않았습니다. 그 결과 노벨상을 수상할 정도의 수준 높은 문제를 풀었던 것입니다. "문제가 중요"하다. 이것을 저는 러플린과 여러 가지 일을 하면서 뼈저리게 느꼈습니다.

제가 교육이 문제라고 말씀드렸는데, 문제가 중요하다고 하시니, 교육이 중요한 것이네요. 그다음 찾아온 또 다른 의식의 각성을 말씀해주세요.

가장 큰 각성은 한동대학교 총장으로 부임한 이후에 일어났죠. 당시 저는 대통령 인수위원으로 창조과학부의 탄생을 놓고 엄청나게 노력하던 중이었습니다. 이전 정부에서 교육부와 과학기술부를 통합해놓았는데, 이것을 분리하고 과학기술부에 4차 산업 혁명의 핵심인 정보통신을 합치는 그런 작업을 하고 있었습니다. 그러던 중 한동대학교 초대 총장이었던 김영길 총장님의 부탁을 받았습니다. 많이 망설였지만, 신의 부름으로 이해하고 함께하기로 결심했습니다. 한동대학교는 KAIST와 완전히 다른 대학입니다. 구조적으로는 인문사회 분야와 과학기술 분야가 반씩 있어, 이공계 중심의 KAIST와는 전적으로 다르죠. KAIST는 정부의 재정 지원을 받지만, 한동대학교는 사립대학이라는 점 때문에 재정적으로도 열세에 있었습니다. 물론 이런 외형적인 차이도 있지만 내면적인 차이도 있습니다. 한동대학교의 학생들과 교직원들은 종교적 사명을 갖고 모였기에 문화적으로 다른 대학과 다릅니다. 한동대학교의 초대 총장님은 교육 중심의 대학을 구축하셨고, 열과 정성을 다해 가르치는 교수님들의 수고와 사랑이 넘치는 곳이었습니다. 학생들도 전국에서 모여들었는데, 고향을 떠나 서울로 유학하는 학생들은 흔했지만 서울을 떠나 포항으로 유학하는 학생들이 생겨났다는 건 매우 독특한 현상이었어요. 이 역시 타 대학과 다른 점입니다. 한동대학교 총장으로서 8년을 보내면서 많은 시도를 했고, 그 결과 실패와 성공의 경험이 축적되면서 저의 의식에도 변화가 일어났습니다.

정부 재정 지원을 당연히 받았던 기관에서 정부의 지원을 따내기 위해 고군분투해야 하는 기관의 수장이 되어 우리나라 사립대학이 겪는 어려움을 몸소 체험하셨네요. 이 부분은 많은 부분 알려져 있으니 넘어가고요, 선생님께서 총장으로서 경험했던 특이한 체험을 말씀해주세요.

저는 외국으로 여행을 떠날 때 스태프들에게 키워드를 하나 주고 그것에 맞추어 여행 일정을 짜라고 권합니다. 기억날지 모르겠지만 이 선생도 함께했던 유럽여행이 그 시발점이었습니다. 당시 나의 키워드는 혁신이었습니다. 스태프들은 여러 루트를 짰는데요. 종교개혁의 루트로서 체코와 독일의 하이델베르크를 선택했고, 통일이란 주제에 맞춰서 중간 기착지인 드레스덴, 그리고 교육개혁의 현장을 보기 위해 파리를 선정했지요.

네, 생각납니다. 저도 당시에 선생님께서 이렇게 다채로운 주제로 여행 루트를 만드신 걸 보고 깜짝 놀랐습니다. 기획의 달인을 보는 느낌이었죠. 지금도 기억이 생생합니다. 그때 관련하여 여러 가지 좋은 기억이 있지만, 파리에서 경험한 교육 관련 일들이 가장 선명하게 남아 있습니다.

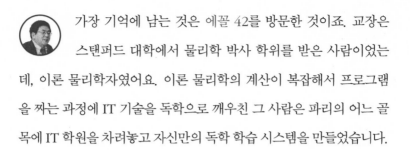 가장 기억에 남는 것은 에꼴 42를 방문한 것이죠. 교장은 스탠퍼드 대학에서 물리학 박사 학위를 받은 사람이었는데, 이론 물리학자였어요. 이론 물리학의 계산이 복잡해서 프로그램을 짜는 과정에 IT 기술을 독학으로 깨우친 그 사람은 파리의 어느 골목에 IT 학원을 차려놓고 자신만의 독학 학습 시스템을 만들었습니다.

 그 조그만 학원이 유명해진 계기가 동화책에 나오는 내용 같았는데, 기억나시나요?

그럼요, 기억하고말고요. 그 골목에 애견 미용실이 있었는데, 고등학교를 졸업하고 강아지 미용을 하던 젊은 여성이 자기네 골목에 생긴 낯선 학원을 보고 호기심에 등록을 했대요. 그러고는 모든 과정을 마친 다음 프랑스에서 가장 큰 통신 회사에 취직했는데, 너무나 똑똑하고 일을 잘해서 회장실에 근무하게 되었다지 뭡니까? 회장은 그녀가 하도 일을 잘해서 그랑제콜 출신인 줄 알고 있었다고 해요. 그러다가 우연히 물어보니 고졸이라는 말을 듣고 엄청 놀랐다고 합니다. 그 실력의 비밀이 바로 에꼴 42라는 것을 알고 직접 방문해서 살펴보고는 그곳을 키워야겠다고 마음먹은 것입니다.

역시 교육이나 뭐나 결과로 말하는 것 같아요. 에꼴 42는 대학도 아니고 그저 학원인데 프랑스의 교육체계를 흔들고 있으니 말입니다. 프랑스는 그랑제콜 같은 영재교육을 하고 있고, 우수한 대학들이 포진하고 있는데, 그곳에 학력도 안 보고 사람을 뽑는 이런 기관이 성공적으로 운영된다는 것은 매우 신기한 일입니다. 대학만이 고급인력을 양성할 수 있다는 기존의 통념을 보기 좋게 깨주었죠.

당시 교수가 없는 학교라는 것도 너무 신선했어요. 독학으로 가능하다, 이 얼마나 매력적입니까? 태권도의 승단 시험처럼 레벨 21까지 각 레벨에서 승단 조건을 만족하면 올라가는 거예요. 빠른 사람은 1년 만에도 마치고 보통 사람들은 3년 정도가 소요됩니다. 에꼴 42는 일종의 '새교육 발명'입니다. 그런데 그 발명의 기법 중에 "중요한 것을 제거하라"는 말이 있습니다. 뭐냐 하면, 교육에서 가장 중시되어오던 선생을 제거한 것입니다. 참 엉뚱하고 기발하죠? 그런데 그게 되더라는 겁니다. 에꼴 42는 학원이었으니까 입학시험을 치를 때 고교 졸업장 같은 것도 요구하지 않았습니다. 다만 문제를 주고 주어진 시간 안에 풀 수 있는가만 봅니다. 그리고 문제를 푸는 방법도 인터넷을 뒤져서 풀든 남에게 물어봐서 풀든 제한이 없었습니다. 그저 독학 능력과 협업 능력을 본 겁니다. 우리나라 말로

## 에꼴 42

에꼴 42는 스탠포드출신 이론물리학자가 시작했다. IT는 독학이 가능하다는 확신을 갖고 있던 그는 프랑스로 건너와 파리의 작은 뒷골목에 IT학원을 차렸다. 그 학원 이름이 에꼴 42다. 공상과학소설을 좋아하는 독자들은 이미 눈치챘겠지만, 『은하수를 여행하는 히치하이커를 위한 안내서』(1985년)라는 공상 소설에 등장한 슈퍼컴퓨터 'Deep Thought'가 생명, 우주, 모든 것에 대한 궁극적인 답을 42라고 대답한 것에 연유한다. 결국 에꼴 42는 궁극적인 학교(ecole)를 말한다.

교육의 궁극의 답은 아이러니하게 교수가 없는 학교다. 또한 학비가 없다. 졸업은 21단계를 통과하면 된다. 21단계의 구조는 각 단계마다 달성도를 평가하는 방식으로 탁월한 학생은 1년 안에 끝내고, 보통은 3년이 걸린다고 한다. 각 단계에는 기업에서 던져준 과제를 해결하게 되는데, 이것은 에꼴 42가 수업료를 안 받아도 되는 비결이다. 기업은 광고 대신 문제를 준다. 학생 한 명에 기업의 문제는 11개가 넘는 상태라고 했다.

이 특이한 혁신 교육기관을 지원하기로 나선 사람은 프랑스 프리모빌 이동통신사의 회장인 자비에 니엘 회장이다. 그는 자비를 털어 이 학원을 지원하고 있다. 학생은 총 3700여 명이고 해마다 1000명씩 뽑는다. 세 번 정도 뽑는데 한 번에 대략 300명을 뽑고 경쟁률은 거의 3:1이다. 물론 이 학생들은 예외없이 La Piscine에서 한 달간 경쟁해야 한다. 비싼 파리의 생활비를 고려하여, 학생들은 학교의 넓은 공간에 푸톤을 깔고 숙박을 해결할 수 있도록 배려한다. 교수는 없고, 자기주도 학습과 문제해결을 지원하는 컴퓨터 시스템을 관리하는 30여 명의 스태프가 있다. 거의 같은 숫자의 청소부들이 청소기계를 타고 분주히 돌아다닌다. IT를 위한 청정한 환경을 위해서다. 이 정도의 작은 인원이 3700여 명의 학생의 학습을 완벽하게 지원한다. 과제해결은 5명 정도의 학생들이 협업을 통해 수행한다. 이것이 자기주도 학습과 협업으로 문제를 풀어나가는 교육이 실현된 현장이다. 또한 학생들을 글로벌한 문제에 노출시키기 위해 글러벌 캠퍼스를 준비하고 있다. 전산망으로 연결되어 어디서나 학습과 문제해결이 가능하기 때문에 새로운 문화에 노출시키는 것도 중요한 교육으로 보고 있다.

교육의 결과는 매우 만족스럽다. 취업은 과제를 준 기업에 우선되어, 전원 취업이 되고 있으며, 200여 개의 스타트업이 프랑스의 미래를 열어가고 있다.

소위 '일머리'가 있는가를 본 것입니다.

맞아요. 학교 성적이 좋다고 일을 잘하는 건 절대 아닙니다. 일머리가 있어야 일이 돌아가고 문제가 풀립니다. 저도 에꼴 42에서 희망을 보았는데요, 바로 대학입시에 실패한 젊은이들에게 인생을 다시 일으킬 가능성을 열어준다는 점이었습니다. 저는 대학입시에 실패해서 당시 후기였던 H대로 진학했는데, 선생님은 잘 모르실 이상한 아픔이 있었어요. 물론 그것 때문에 더 노력한 부분도 있지만요.

이 선생에게 아픔이 있었다는 말은 오늘 처음 듣는데요? 나도 당시 고등학교 입시에서 경기고가 아닌 경복고를 갔는데 실은 이런 걸 이야기하는 게 참 우습죠. 중요한 것은 그 이후의 삶인데 말입니다. 당시 조금 앞서갔다는 것뿐이잖아요. 그런데 우리 사회는 이걸 잘 인정하지 않습니다. 이런 견고한 수직 계열화를 완화하는 혁신이야말로 사회의 건강성을 확보하는 데 매우 중요한데요.

파리에서 UNESCO도 방문했고, 또 한 군데 창업 랩 같은 공유 공간도 방문했지요. 한동대학교에서도 학생들에게 창업을 격려하셨습니다.

한동대학교는 교육 중심 대학으로 자리하고 있었어요. 그런데 교육이 단순히 지식전달로만 끝나면 안 된다는 생각, 뭔가 세상을 바꾸는 그런 힘과 비전을 주어야 한다는 생각이 아주 강렬했습니다. 한동대학교의 슬로건도 "Why not change the world" 잖아요? "배워서 남 주자"는 정신도 있고요. 배운 것을 남에게 줄 수 있고 세상을 변화시킬 수 있는 가장 확실한 방법은 새로운 아이디어를 세상에 심는 것입니다. 저는 그것이 창업이라고 봐요. 아이디어는 배우는 과정에서 생길 수 있어요. 그러나 그 아이디어를 세상에 심는 것 그것이 바로 창업가 정신이고 이것은 교육만이 할 수 있는 게 아닌가 생각했습니다. 제가 한동대학교에 ICT 창업학부를 만든 것도 그런 이유죠.

 그러니까 선생님께서 한동대학교에 이미 교육 개혁의 작은 실험실을 차리셨던 거네요. 그리고 엔진이 도는 속도를 말하는 것 같은 알피엠(RPM)이라는 창업 경진 대회도 만드셨잖아요. 2014년에 시작했던 한동 스타트업(신생 벤처기업) 경진대회를 2015년 대회부터 알피엠이라는 명칭으로 새롭게 불렀지 않습니까? 선생님께서는 학생들에게 창업에 대한 관심과 도전을 불러일으키고 또 세상을 변화시킬 기업을 발굴해보자고 하셨던 것으로 기억합니다. 그때 '가젤형 기업'이란 개념도 쓰셨지요. "매출이나 고용자 수가 3년 연속

제2회 한동 스타트업 경진대회에서 1위를 차지한 엠플러스팀(ⒸⓇ한동대 제공)

평균 20% 이상 고성장 하는 기업으로 빨리 달리면서 점프력이 좋은 가젤(Gazelles)에서 이름을 땄다"고 설명해주셨어요.

이름이 참 좋지요? 알피엠(RPM)은 '레볼루션즈 퍼 미니트(Revolutions Per Minute)'의 약자로 주어진 몇 분간의 발표 시간 동안 혁신적인 아이디어를 내놓자는 의미죠. 학생들이 창업 아이디어를 내고 이를 실제 벤처 투자 전문가들 앞에서 발표하고, 평가를 받아보는 것인데, 여기서 우수한 팀들은 실리콘 밸리로 가서 그 아이디어를 성장시키는 엑셀러레이션까지 했습니다. 교육을 통해 학생들이 미래 사회를 열어낼 인재로 키우는 것이 가능한가, 대한민국에서 이런 일이 과연 가능한가, 하는 긴 고민의 과정 중 하나였습니다. 한 가지 재미난 것은 KAIST는 많은 창업가를 배출했고, 그들이 창업한 회사들이 굴지의 기업으로 성장한 사례가 많습니다. 넥슨 김정주 회장도 그렇듯 여러 분야에서 두각을 나타내고 있지요. 물론 창업만이 교육혁신의 축이라는 뜻은 아닙니다. 그러나 파리 여행과 연관하여 설명하자면 저 역시 그런 방향으로 실천할 수밖에 없었지요.

 에꼴 42와 비슷한 맥락에서 미네르바 대학의 출현은 어떻게 보십니까?

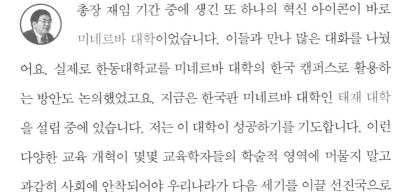 총장 재임 기간 중에 생긴 또 하나의 혁신 아이콘이 바로 미네르바 대학이었습니다. 이들과 만나 많은 대화를 나눴어요. 실제로 한동대학교를 미네르바 대학의 한국 캠퍼스로 활용하는 방안도 논의했었고요. 지금은 한국판 미네르바 대학인 태재 대학을 설립 중에 있습니다. 저는 이 대학이 성공하기를 기도합니다. 이런 다양한 교육 개혁이 몇몇 교육학자들의 학술적 영역에 머물지 말고 과감히 사회에 안착되어야 우리나라가 다음 세기를 이끌 선진국으로 자리잡을 수 있거든요. 미네르바 대학 역시 학생 중심의 대학입니다. 아주 촘촘한 교육체계를 갖추고 있지요.

## 미네르바 대학과 태재 대학

미국 샌프란시스코에 위치한 미네르바 스쿨(Minerva Schools at KGI)은 모든 학생이 4년 내내 100퍼센트 온라인으로 수업을 듣는다. 물리적인 캠퍼스는 없고, 6개월마다 전 세계에 있는 기숙사를 이동하며 수업을 받는다. 기숙사는 샌프란시스코, 베를린, 부에노스아이레스, 서울, 방갈로, 이스탄불, 런던 등에 있다. '미래의 학교모델' '하버드보다 들어가기 어려운 대학' 등으로 불리는 미네르바 대학의 수업은 모두 20명 이하로 진행된다. 미네르바에서 4년간의 대학 과정을 마치면 캘리포니아의 KGI대학으로부터 학위를 받을 수 있다.

태재 대학은 한국판 미네르바 스쿨로 캠퍼스 없이 온라인만으로 수업을 듣고 세계 각지를 옮겨 다니며 프로젝트를 수행한다. '태재(泰齋)'는 주역에 나오는 용어로 'Great Harmony'를 추구한다는 뜻을 담고 있다. 이 대학은 세계를 이끌 리더 상위 1퍼센트 양성을 목적으로 설립됐다. 신입생은 딱 200명이다. 그중 한국 학생은 절반인 100명이다. 나머지는 미국·중국·일본·러시아 등 외국 학생들을 선발한다. 이들을 가르치는 교수는 100명이 넘는데, 세계 각국 최고의 교수진으로 구성된다. 태재대학은 한샘 창업주인 조창걸 명예회장이 사재 3천억 원을 출연해 설립한 학교로 초대 총장은 염재호 전 고려대 총장이 맡았다.

장순홍의 교육, PSC를 고안하는 데 많은 시간을 들이셨을 것 같은데요, 기대가 정말 큽니다. 동시에 이미 진행 중이고 매우 성공적인 에꼴 42나 미네르바 대학과 같은 프로그램들과 견줄 때 당당히 새로운 물결을 만들어낼 수 있는 그런 교육 프로그램이 되면 좋겠습니다.

그렇죠. 어떤 교육 방식을 고안하고 이의 우수성을 설명하는 것은 실제로 이것을 시행하여 결과를 증명하는 것보다는 쉬운 일입니다. 지금은 아이디어를 정립한 단계인데 이것을 세상에 심어 뿌리를 내리고 싹을 틔우는 과정과 이 방식을 배운 학생들의 성공, 그러니까 결과적으로 해결된 문제들과 이로 말미암은 가치 창출들을 입증하는 일이 더 필요합니다. 중요한 것은 장순홍의 PSC는 사실 어떤 교육기관에서도 시행할 수 있다는 '이식성'을 가장 큰 장점으로 보유했다는 겁니다. 누구나 이 방법으로 교육하겠다고 결심만 하면 다 할 수 있어요. 대학이 할 수도 있고, 대학의 특정 전공이 할 수도 있습니다. 평생교육원이 할 수도 있고, 학원이 할 수도 있지요. 미네르바식 교육은 많은 돈을 주고 미네르바 교육 프로그램을 받아야 해요. 그리고 많은 부분 미네르바의 인증을 받아야 합니다. 그들의 교육은 이미 상품화된 것입니다. 그 말은 역으로 교육의 다양성을 모두 확보할 수 없다는 말이기도 합니다. 에꼴 42는 프랑스 최대의 통신 회사로부터 후원을 받아서 얻는 명성과 이익이 강점이자 단점입니다. 이런 식의 교육은 널리 퍼질 수가 없어요. 이들만의 독학 프로그램은 그 프로그램을 사서 적용할 수밖에 없으니까요. 처음엔 어땠을지 몰라도 나중에는 일종의 교육 프랜차이즈 사업이 되고 맙니다. 그래서 저는 에꼴 42나 미네르바 대학을 진정한 교육 개혁의 모델이라고 보지 않습니다. 제가 말하는 PSC는 정말 다양한 분야에서 정말 다양한 사람들이 즐기면서 사용하고 적용하고 성장하고 세상을 변화시키는 길입니다. 그러나 이것이 얼마나 효과적인지 보여줄 필요성은 있어요. 반드시 입증해야 합니다. 그리고 이런 입증의 과정에서 다양한 문제를 풀어가는 과정을 통해 PSC는 더욱 완전한 형태로 거듭날 것입니다.

 말씀을 들으면서 점점 PSC의 실체가 궁금해졌습니다. 교육자로서 지내온 오랜 시간을 바탕으로 탄생하게 된 교육철학에 대해 추후로 하나하나 살펴보면 좋겠습니다. 제가 좋아하는 산악인이자 독자층이 두터운 작가이기도 한 라인홀드 메스너 (Reinhold Messner, 1944~)는 『나의 인생 나의 철학』이라는 책에서 삶의 여정을 통해 길어 올린 지혜를 공유하여 많은 사랑을 받았습니다. 선생님 역시 교육자로서 과학자로서 걸어오신 여정이 이제 PSC라는 장순홍 교육의 씨앗을 만들었습니다. 장순홍 표 교육을 만드는 데 선생님이 품었던 가장 큰 질문은 무엇이었습니까?

항상 마음속에 들어 있던 바로 그 질문이죠. "어떤 사람을 키울 것인가?" "그런 사람을 키우려면 어떻게 교육을 바꿔야 할 것인가?" 이 두 가지입니다. 그런데 사실 이것은 따지고 보면 하나의 질문입니다.

어떤 사람을 키울 것인가는 시대마다 그 요구가 달라질 것입니다. 지금 이 시대에 콜럼버스 같은 사람이나 캡틴 쿡을 키우고 싶다면 이미 알려진 지구의 다른 대륙이나 섬을 찾는 일이 거의 끝난 상황인 만큼 이제는 우주를 향해 나가는 인물을 키워야겠지요. 선생님의 마음에 있는, "나라면 이런 사람을 키우고 싶다"고 생각하는 인물형은 무엇입니까?

세상을 변화시키는 사람들이죠. 예를 들어 요즘 우리나라의 젊은이들을 볼까요? BTS도 그렇고, 최근에 피아노 연주로 세상을 놀라게 한 임윤찬 군도 그렇고, 갑자기 혜성처럼 등장한 사람들로 눈길을 많이 끕니다. 높이뛰기에서 세계적 기량을 선보인 우상혁 선수도 그래요. 도움닫기 이후 날아오르는 그 긴장감이 얼마나 크겠어요? 하지만 그는 항상 웃어요. 마치 옛날 놀이터에서 장난

치던 소년처럼 날아오르면서요. 이들에게 교육은 과연 무슨 역할을 했을까, 저는 이렇게 물으면서 곰곰이 질문을 따라가곤 합니다. 만일 우리 교육이 이런 인재를 키워낼 수 있는 제대로 된 시스템을 갖추고 있다면 이렇게 어쩌다 한 명 특출한 사람이 나오는 게 아니라 우후죽순으로 등장해야 합니다. 그러나 현실은 그렇지 못해요. 김연아 선수 이후로 큰바람이 불어 많은 선수가 정상을 향해 도전장을 내밀고 있지만, 저는 김연아 선수가 우리의 교육에서 탄생했다고 생각하지 않습니다. 여기에 약간 절망적인 요소가 있어요. 그런데 희망적인 것은 이들이 분명 어떤 형태의 교육 혹은 학습을 했다는 것은 분명하다는 점입니다. 우리는 공교육의 시스템을 잘 강화하는 노력도 해야 하지만 사실 이렇게 갑자기 등장한 인물들의 생각과 훈련, 배움의 포인트를 잘 살펴봐야 합니다. 그리고 이런 것들이 얼마나 개별적인지 체크하면서 동시에 이것을 어떻게 보편 교육에 반영할 것인가 살펴야 합니다.

청년의 입에서 나오는 말들이 얼마나 순수하고 깊은 가치를 지향하는지 들으며 많이 놀라곤 합니다. 우리 모두를 꿈 많은 젊은 시절로 다시 인도한 그런 사람들이에요. 저도 다시 젊어진다면 얼마나 좋을까 하는 생각을 했답니다. 선생님께서 우리 젊은 이를 칭찬하신 것으로 보아 미래 세대에 엄청난 희망을 갖고 계신 것 같습니다. 외국의 경우는 어떠세요?

 너무 유명해서 다들 아는 사람들이죠. 4차 산업 혁명을 주도했던 세력들인데요. 스티브 잡스, 빌 게이츠, 마크 저커버그, 제프 베이조스, 일론 머스크 등등입니다. 이들도 잘 살펴보면 대학교육을 잘 받았다고 말할 수는 없어요. 대학교육을 받는 시간이 아까웠을 수도 있습니다. 자신들이 가고자 하는 길, 풀고자 하는 문제가 명확한데 그것 이외의 것을 배우는 데 시간을 낭비할 수 없다고 여겼을지도 몰라요. 물론 어쩔 수 없이 학교를 그만둔 경우도 있겠지만, 한번 잘 살펴보세요. 대학에서 공부를 잘해서 세상을 변화시킨 사람들에게 우리는 열광하잖아요? 우리나라는 왜 아직 노벨 물리학상 같은 폼 나는 상을 받지 못하나 하는 질문도 많고요. 수학의 노벨상인 필즈상을 받은 허준이 박사도 있지만, 암튼 교육을 다 받고 나서 세상을 변화시킨 사람들보다는 일찌감치 교육을 포기한 사람들 중에서 세상을 변화시킨 사람들이 많이 나온다는 건 매우 흥미로운 일입니다.

## 중퇴자들의 성공

### 스티브 잡스(1955~2011)

1972 리드대학교 철학과 중퇴, 애플 창업.

### 빌 게이츠(1955~)

1975 하바드대학교 중퇴, 마이크로소프트 창업.

### 제프 베이조스(1964~)

프린스턴 대학교에서 물리학 전공을 하려 했으나 능력의 한계를 느껴 포기하고, 컴퓨터과학으로 전과했음, 이후 창업.

### 일론 머스크 (1971~)

퀸스대학교(캐나다) 경제학을 전공하다 미국 펜실베이니아 대학교로 편입하여 경제학과 물리학 복수전공 학사, 1995년 스탠포드 대학원 재료과학 박사과정 합격 후 등록을 하지 않고 창업하여 자동 제적당함.

그러게요. 원자핵물리학을 공부할 때, 상대성 이론과 양자역학을 만들어낸 기라성같은 천재들의 삶을 열심히 들여다보면서 흥분도 하고 좌절도 했지만, 동시대 세상의 변화를 이끈 사람은 에디슨처럼 학교 교육을 받지 못한 사람이었죠. 하긴 아인슈타인도 고등학교 시절 제적을 당했으니, 교육의 관점에선 흠결을 하나 갖춘 셈이네요. 그래서 시공간의 세계관을 바꾸었나봅니다.

그렇죠. 사실 유럽의 학자들이 엄청난 과학적 진보를 이룰 때, 미국에서는 몇몇 사람들이 새 시대를 만들었죠. 그 대표적인 사람이 에디슨 아닙니까? 그 사람이 오늘날 전기의 시대를 열었지요. 전등을 만들어 밤을 밝히고, 소리를 담는 기계를 만들고…. 정말 많은 발명을 했고, 그것을 사업화하여 성공했어요. 그런데, 그가 고용했던 기계기술자인 포드는 밤마다 엔진을 개량하는 일을 혼자 했어요. 어느 날 그는 자신이 만든 엔진을 보여주었고 에디슨은 엄청나게 칭찬하면서 격려했습니다. 결국 포드는 자동차 산업에 혁신을 이루고 자동차 시대의 포문을 열었습니다. 그의 친구인 파이어스톤은 자동차에 들어가는 타이어를 만들었는데요. 이들은 갑자기 성장하는 자동차 산업으로 부를 움켜쥐고, 여러 가지 좋은 일을 많이 했지요. 세상을 변화시킨 사람들입니다. 이들의 학력이 하나같이 미약한 것도 큰 특징이지요. 우리나라로 보자면 정주영 회장이 초등학교 졸

## 무학의 베가본드들

### 토마스 에디슨(1847~1931)

초등학교 3학년 퇴학. 인쇄 전신기, 전화기, 백열전등, 알칼리 축전지, 축음기, 영화 촬영기 등 1,300가지가 넘는 특허를 얻어 발명왕이라 불린다.

### 헨리 포드(1863~1947)

정규 교육을 거의 받지 못했고 16세 때 디트로이트의 작은 기계 제작소에 견습공으로 들어가 기술을 배움. 1891년 에디슨 조명회사의 기사로 초청되어 근무하던 중 내연기관을 완성하여 1896년 "포드 사륜차(Ford Quadricycle)"를 선보였다. 이후 에디슨과 지역 사업가들의 후원 아래 1903년 포드 자동차 회사를 설립했다.

### 하비 새뮤얼 파이어스톤(1868~1938)

콜럼비아나 고등학교를 졸업한 후, 파이어스톤은 오하이오 주 콜럼버스에 있는 콜럼버스 버기 회사에서 일하다가 1890년에 자신의 회사를 시작하여 마차를 위한 고무 타이어를 만들었다. 1900년 그는 곧 자동차용 타이어 마케팅의 큰 잠재력을 알게 되었고, 그 후 타이어 대량 생산의 선구자인 파이어스톤 타이어와 고무 회사를 설립했다.

업으로 굴지의 글로벌 기업을 만들었으니 그 반열에 들어갑니다. 정주영 회장은 신문만을 읽으며 공부를 했다고 했을 정도로 독학 능력이 남달랐던 분입니다. 저는 이런 분들에게 주목해요. 이들은 학교 교육의 밖에서 어떻게 세상을 바꾸는 위대한 일을 했을까, 하면서 말입니다. 에디슨의 전기, 포드의 자동차, 하비 파이어스톤(Harvey Samuel Firestone, 1868~1938)의 타이어, 정주영의 조선. 이런 것들이 저마다 품고 있었던 문제의 씨앗들이었고, 이들은 이 문제를 풀기 위해 공부하고 문제를 풀기 위해 동지를 모았던 사람들입니다. 학력으로 으스댈 것은 애당초 없는 사람들이죠. 왕립아카데미에서 제복을 입고 멋진 강연을 하는 학자들과 천 번 만 번 실험하며 밤을 지새웠던 이들이 매우 대조적으로 보이지만 사실 문제만 다를 뿐 문제를 품고 문제를 풀려고 일생을 헌신한 사람들이란 점은 같습니다.

 교육제도 밖의 사람들을 마음속에 많이 품고 계시네요. 우리는 이런 사람들을 천재라고 부르죠. 물론 성공한 경우에 그렇지만 말입니다. 간혹 생전에 인정받지 못하고 사후에 인정받는 반 고흐 같은 사람들을 보면 비운의 천재가 떠오르기도 합니다. 앞서 말씀해주신 이들은 생전에도 이미 대성공을 거두었고, 그 결과 세상은 눈부시게 변했습니다. 문명의 전환에는 항상 문명 전환의 모티브가 있었고, 그것을 주워들고 해결한 문제 해결자들이 있습니다. 선생님께서 보시는 문명의 전환은 어떻습니까?

 전 항상 의문을 갖고 시작해요. 예를 들어 문명사를 공부하겠다고 마음먹으면 일단 책을 여러 권 사다 놓고 읽거나 좋은 강연을 들을 것 같지만 저는 그렇게 하지 않습니다. 저는 우선 질문을 던집니다. 그리고 그 질문에 대한 답을 찾으려고 노력해요. 혼자 생각도 하고, 남의 말을 듣다가 전혀 연관 없어 보이는 것에서 통찰을 얻기도 합니다. 어떤 사람들이 세상을 바꾸었는가 생각하면서 가만히 살펴보면 문화적인 것까지는 잘 모르겠지만 문명적인 차원에서는 이해가 갑니다. 문명적으로 세상이 많이 바뀐 건 19세기 말입니다. 오늘날 세계 초강대국이라는 미국도 처음에는 메이플라워호를 타고 가진 것 하나 없이 건너온 청교도들이 세운 나라죠. 정착 초기엔 인디언들에게 도움을 받아야 겨우 목숨을 부지할 수 있었던 그런 사람들이 모인 이주사회였는데, 점점 자라서 1776년에 독립을 선언하고, 1894년에는 선진국이 되었습니다. 무슨 말이냐 하면 미국 경제가 영국 경제를 앞선 시기가 이때라는 뜻입니다. 영국은 산업 혁명을 주도했고, 왕립아카데미에서 수많은 천재 과학자들을 배출했지만, 미국은 당시에 무슨 학문적인 성취를 이룬 사람이나 학자들이 거의 없었는데도 그렇게 된 것입니다. 미국은 역시 토머스 에디슨하고 포드 같은 사람의 역할이 컸던 나라입니다. 이 사람들은 별로 배운 것이 없지만 사회에 필요한 것을 만들어낸 사람들이죠. 요즘 관점에서 우주산업이다 발사체다 원자력이다 항공기다 반도체다 하는 모든 것들 역시 이런 관점에서 살펴보면 결과는 거대할지 몰라도 탄생의 원류는 지극히 작은 부분에서 비롯됩니다. 저는 작은 부분에서 문명의 전환이 시작된다고 생각합니다.

 선생님께서 거대한 것의 탄생은 아주 작은 것, 한 개인에서 비롯된다는 말씀을 하셨는데, 매우 공감되면서 동시에 고무적인 말씀이라 여겨져요. 오늘날 젊은이들이 절망하는 이유 중에는 이미 성취한 사람들이 너무 커 보이는 것도 있거든요. 이런 사람들과 비교하다 보면 결국 천재라는 벽에 부딪히고 거기서 쓰러지면 일어나기가 어려워집니다. 저는 이런 학생들을 자주 봤는데, 이들을 일으켜 세울 때 교육자로서 보람을 느꼈습니다. 그런데, 거대한 문명의 탄생을 이룩한 사람들은 일반인이 아니라고 봐야 하지 않을까요?

사실 보기 나름이죠. 저는 이 사람들이 매우 집중적으로 문제해결을 해내는 기술을 체득한 사람이라고 봐요. 제가 일반인 누구나 가능하다고 보는 배경이고, 그것이 바로 제 교육 철학의 출발점입니다. 누구나 세상의 문명을 전환할 능력을 가지고 있다, 다만 대부분의 사람이 그 능력을 꺼내 쓰지 못한다는 겁니다. 이 선생이

'세바시'에서 강연한 〈당신의 천재성을 꺼내는 노트 쓰기〉라는 강연도 그런 맥락이라고 봅니다. 신(神)은 우리 한 사람 한 사람에게 재능과 사명을 주셨다는 생각에 저도 동의합니다. 우리가 그 능력을 꺼내지 않고 덮어두는 것이 문제입니다. 제가 하려는 교육은 바로 평범하거나 남에게 뒤졌다고 생각하는 사람의 마음에 문제라는 씨앗을 심어주는 거예요. 그 씨앗은 자라나기 위해 그 사람의 모든 지적 능력과 열정을 요구하는데요. 이렇게 열정을 바쳐 능력을 발휘하다 보면 그 사람은 어느새 문제를 풀고 있고, 그 과정에서 자신이 몰랐던 자신을 점차 알아가게 됩니다.

 문제가 핵심이군요. 그런데 문명사적인 전환기에 교육이 옛 시대의 관습을 버리지 못한다면, 그런 교육 방식에서 탈출해야만 새 시대를 열어낼 가능성이 높아질 것 같습니다.

기존의 교육방식이 문제예요. 요즘 젊은이들 대다수가 시대와 맞서기보다는 시대를 지탱하는 일에서 직업을 찾고자 합니다. 공무원 시험이나 공사 지원자가 많은 현상을 보면 알 수 있잖아요? 그러다 보니 나름대로 경쟁률이 점차 높아지고 취업 준비생이란 말도 생겨났습니다. 모두가 쉬쉬하면서 모른 척하려고 애쓰지만 대학이 취업 준비기관이 된 것은 이미 오래전 일입니다. 정말 큰 문제입니다. 저는 그래서 취업과 창업을 놓고 고민해보라, 그리고 기왕이면 창업으로 나가라고 권합니다. 대학은 창업으로 나가 성공하고 문명을 바꾸는 인재를 키우기 위해 교육을 확 바꿔야 하고요.

 전환기 변화의 속도를 살펴보면 개인의 속도는 빠르고 기관은 느릴 수밖에 없습니다. 교육기관은 당연히 교육기관을 이탈한 개인을 따라잡을 수 없고요. 이럴 때 어떻게 해야 하나요?

인공지능 시대이자 인터넷 시대인 4차 산업혁명 시대를 보면서 이제 교육이 진짜 바뀌어야겠다는 것을 많이 느꼈습니다. 우리나라는 아직도 대부분의 교육을 지식전달 위주로 하잖아요? 행정도 대부분 지식전달 행정이고요. 아직도 교육의 70~80퍼센트가 파워포인트로 전달하는 식인데, 사실 거기서 다루는 내용은 구글로 찾아보면 다 나오는 것들입니다. 교수가 가르치는 것보다 더 다양하고 더 흥미로운 지식이 인터넷에 엄청나게 떠돌아다녀요. 여기에 더해 인공지능이 지식 습득을 도와주는 상황이 되면 현재의 교육에 무슨 매력이 있겠습니까? 미네르바가 이미 이런 현실을 보여주고 있어요. 개별 맞춤형 교육이 가능하다는 것을요. 이것을 모르면 저것부터 공부하자, 이제 알았으니 이것을 해보자, 아까는 안 됐는데, 지금은 되니까 학생들은 자연스레 성취감과 자신감을 가지게 됩니다.

그러면서 막 성장하는 거예요. 지식 전달형 교육은 알아들었느냐, 어디 한번 얼마나 아는지 시험을 치러보자, 하는 거잖습니까. 그러고는 너는 점수가 70점이다, 그러니까 이 과목에서 나는 70점짜리라고 알고 끝내자, 뭐 이렇게 되는 겁니다. 학생 입장에서는 제대로 알지 못해서 억울한데 이제 잘 모르는 사람이라는 꼬리표까지 달고 나가게 되는 거예요. 뭔가 약간 폭력적인 요소가 깃든 거 같지 않아요? 그러니 이런 식의 교육 환경에선 입시가 중요해질 수밖에 없는 거죠. 점수도 점수지만 일단 학교 이름표가 있으니 이것을 중요하게 보는 거예요. 대학교에 입학하기 전까지는 죽어라고 공부하고 정작 대학에 입학하고 나면 노는 풍조도 다 여기서 기인합니다. 더는 성장할 필요도 이유도 없어졌으니까요. 정말이지 이제 교육이 바뀌어야 합니다. 세상은 이미 완전히 바뀌었잖아요? 지식의 수명도 엄청나게 짧아졌습니다. 매일 수만 가지 새로운 발견이 이루어지고 있어요. 우리가 손에 들고 다니는 기기들만 봐도 알아요. 예전에는 비퍼(beeper)에서 신호가 오면 전화번호를 확인하고 공중전화 있는 데로 가서 전화했습니다. '삐삐'라고 불렀던 비퍼를 얼마나 우리가 잘 썼나요? 하지만 이제는 아무도 삐삐를 쓰지 않아요. 지금 우리가 알고 있는 지식, 지금 내가 쓰고 있는 제품들이 언제 사라질지 모르는 숨 가쁜 변화의 시대를 우리가 살고 있는 겁니다. 이제 분명히 명심할 것은 "강의는 필요 없다"라는 사실을 받아들여야 한다는 점입니다. 강의가 필요 없으면 어떻게 되나요? 그래요, 교수가 필요 없어집니다. 심각하죠. 그럼 교수의 업무인 강의가 차지하는 시간을 다른 것으로 대체해야 합니다. 그게 무엇일까요?

 변화에 적응하는 것보다 이 상태로 학교를 떠나는 것이 오히려 낫겠다는 생각이 슬며시 드는데요? 선생님께서는 이런 변화를 맨 앞에서 보시면서, 현재 우리 교육에서 가장 먼저 바꾸어야 할 것이 무엇이라고 생각하십니까?

우선 산업체의 변화와의 동조입니다. 현실 산업계는 메타버스다 인공지능이다 불록체인이다 하여 엄청난 속도로 변하는데, 학교 교육은 전혀 준비가 되어 있지 않습니다. 학생들이 오히려 이런 주제를 가지고 학원을 찾아야 합니다. 캠퍼스 내에서만 하던 교육은 캠퍼스 담장을 넘어 세상과 호흡해야 해요. 또 하나 중요한 점은 당장 바꿔야 하고 당장 할 수 있는 것은 '마인드'라는 걸 기억해야 한다는 겁니다. 무슨 말인가 하면, 교육의 핵심이 가르치는 사람이 아니고 배우는 학생이란 점을 인지해야 한다는 뜻입니다. 배우는 사람이 열정적으로 학습하면 오래 가르친 것보다 훨씬 빠르고 정확하게 지식이든 정보든 다 습득할 수 있거든요. 그러니까 '티칭 전성시대'에서 '러닝 전성시대'로 확 바꿔야 한다는 말입니다. 보세요, 세상이 너무 빨리 변하고 있잖습니까? 이전처럼 세상에 필요한 지식과 역량을 체계화하여 가르칠 수 없을 만큼 시대가 빨리 변하고 있다는 사실을 자각하면 변화는 쉽습니다. 학습자에게 무엇을 배울 것인지 그 문제가 무엇인지를 알려주거나 스스로 찾게 하고, 교수는 그들의 성장을 체크하면서 불필요한 가지를 쳐내주고, 반면 필요한 영양분을 부지런히 공급해주는 정원사 같은 역할을 하면 됩니다. 이렇게 되면 학생들은 알아서 성장하는 식물처럼 스스로 배우고 깨우쳐 나가게 됩니다. 그러고 나면 그 배움 역시 주제와 대상이 다양해져서 이전 세대와 같이 특정 전공이란 데 얽매이거나 체계화에 목숨 걸지 않고서 본인에게 필요한 모든 걸 배울 수 있게 되는 것입니다. 마치 꽃동산에 다양한 꽃들이 철 따라 피어나는 것처럼요. 동산의 주인은 뭘 하냐고요? 아까 말했다시피 그저 물을 주고, 잡초를 제거하거나 가지를 쳐주면 됩니다.

 이런 변화에 가장 적응하기 어려운 사람들이 교육자일 것 같습니다. 학생들 앞에서 정연한 지식을 가르치고, 존경을 받는 게 이 세상에 몇 안 되는 고상한 일이라고 생각해온 탓일 겁니다. 이제 그런 일은 인터넷의 인공지능이 감당하고, 교육자는 사라지거나 학습자의 상태를 체크하고 수정해주는 정도의 일을 하게 된다면, 일종의 조력자가 되는 셈인데, 교육자들이 이를 환영할까요?

웬걸요. 제가 이런 부분을 강조할 때 일종의 표 나지 않는 거부가 있더라고요. 저도 확실하게 인지했습니다. 그러나 보십시오. 이것은 시간의 문제일 뿐입니다. 교수들은 이제 강의보다 더 가치 있는 일을 해야 합니다. 인공지능 시대에 일자리가 점점 사라지니 우리 인간은 인공지능이 하지 못하는 뭔가 더 가치 있는 일을 해야 하지 않을까, 하는 말과 비슷합니다. 어쩌면 교육자 수의 감소가 학령인구 감소와 같은 맥을 이어갈지도 모르겠군요. 이제 교육 시장에서 교육자의 수요는 줄어들 것입니다. 그러면 교육자는 무엇을 해야 할까요? 학생과 나란히 서서 학생들의 배움을 점검하고 그 배움을 가치 창출로 변환하는 연금술사가 되어야 합니다. 아직 배움의 도상에 있는 학생들이 혼자서 이 모든 과정을 이루고 목표를 달성하기란 너무나 어렵습니다. 아이들은 대개 단순히 '알았다'는 행복감에 빠져 거기서 딱 만족하고 멈출 수도 있거든요. 따라서 교육자는 그들에게 이 배움이 어떻게 쓰일 것인지, 어떻게 쓰여야 효과적인지 이런 이야기들을 해주며 도전을 권해야 합니다. 아, 또 한 가지 있군요. 수많은 학생을 멘토링하면서 그들의 고민이 무엇인지 이해하고, 문제가 무엇인지 파악하고, 문제해결 방법을 바라보면서 이를 종합하여 대단한 문명전환을 이루어내는 발견자 혹은 생산자가 되어야 합니다. 결국 교육자는 연구자이며 개발자가 되어야 하는 거예요. 앞으로의 학교는 이런 문제를 파악하고 강의가 위주인 교육만 하려 드는 교육자를 피할 것입니다. 오히려 전문 연구자나 창업가를 멘토로 더 선호할지도 모릅니다. 그래서 저는 지식 전달자로서의 교육자는 숫자상으로 대폭 줄어들 것이라고 생각합니다. 여기 대비하려면 기존의 고정관념이나 통념에 사로잡힌 교육자들은 빨리 변신해야 할 겁니다. 대학교의 행정에도 발빠른 변신이 필요하고요.

선생님 교육의 철학적 배경을 이해하게 되었습니다. 교육자는 문제해결의 길잡이여야 하고 그러려면 교육과 함께 연구능력도 병행되어야 하는군요. 말씀을 듣고 나니 4차 산업 혁명이 결국 교육에 가장 큰 변화를 요구하고 있다는 생각이 들었습니다. 그리고 교수가 별로 필요 없는 배움의 여정을 지원하는 교육이 선생님의 교육 철학이라는 생각을 하게 되었습니다. 또 다른 철학은 무엇인가요?

그다음으로 중요한 나의 교육 철학을 꼽으라고 한다면 즐겁게 배우는 것이라고 할 수 있겠습니다. 저는 앞으로 교육에서 제일 중요한 것이 배우는 사람을 즐겁게 해주고, 배우는 사람 자신 역시 배우는 걸 즐겨야 하는 점이라고 생각합니다. 요즘 세상을 보세요. 배우겠다는 의지만 있으면 인터넷이든 인공지능이든 활용하여 많은 자료를 얻을 수 있습니다. 오픈소스다 위키피디아다 자료가 넘쳐나니 혼자 공부하는 데 아무 문제가 없습니다. 환경도 매우 독특합니다. 나 혼자 스스로 공부한다고 해서 깊은 산속 절로 가거나 문을 꼭 닫아걸고 하는 게 아니라 옆 사람한테 뭐든 물어볼 수 있는 환경이라는 뜻입니다. 도와주겠다는 사람이 사방에 널려 있는 거예요. 그러니까 공부하겠다는 의지만 있으면 얼마든지 공부할 수 있어요. 그래서 제가 부탁하는 것은 "제발 좀 공부를 즐겨라" 하는 겁니다. 장순흥의 교육은 뭐냐, 바로 공부하는 즐거움을 알자, 이겁니다. 그러니 학교가 지긋지긋해지면 절대 안 됩니다. 학생들 입에서 "책은 지긋지긋하다" "학교는 지긋지긋하다" 같은 말이 나오면 학교는 실패한 겁니다. 교육은 실패작이고요. 그렇다면 어떻게 해야 즐거운 공부가 될까요? 정말로 공자 말씀처럼 학이시습지 불역열호(學而時習之 不亦說乎)가 될까요? 이 말에서도 포인트는 스스로 배워 익혀 깨닫는 데 있어요. 그렇게 해서 모르던 것을 깨우치고 알게 되어 그 지식을 바탕으로 뭔가 할 수 있게 되었을 때 즐거움이 온다는 거잖아요. 즉 자신의 의문이 풀릴 때 기쁨이 온다는 뜻입니다. 그러니 교육자들의 역할이란 학생이 별로 관심을 두지 않는 것을 아느냐 모르느냐, 문제를 몇 개 풀어라, 점수가 몇 점이냐 등등 다그치는 게 아니라 본인이 궁금해하는 것의 실체와 이유를 헤아리도록 길을 인도해주고, 아이들이 그 과정에서 기쁨을 맛보도록 돕는 것입니다.

장순홍교육, PSC 교육을 요약해보자면, 변화하는 세상에서 교육의 변화는 필수이고, 그 변화는 티칭에서 러닝으로 학생 주도의 세계로 변화하는 것, 그리고 배움이 즐거움이 되는 즐거운 배움터를 만들어야 한다는 것이군요. 감사합니다.

# Problems Finding and Solving

# 세상을 변화시킬 문제를 발견하고 해결하기

이재영　　장순흥

그들의 성공과정을 한번 떠올려보세요. 그 사람들은 큰 질문을 던져놓고 '으흠 내가 정말 멋진 걸 생각해냈군' 하면서 만족하지 않습니다. 질문에 질문을 더하고 있어요. 질문을 하다 보면, 즉 문제와 문제를 계속 좁혀가다 보면, 답은 으레 나오게 되어 있습니다. 그래서 질문, 질문, 질문을 하면 된다는 겁니다.

장순흥 교육의 첫 화두입니다. 문제. 문제가 문제입니다. 말씀해주세요.

네, 문제가 바로 문제입니다. 동시에 문제가 답이죠. 문제를 잘 잡으면 문제는 문제를 낳고, 문제가 길을 인도합니다. 그리고 마침내 결과가 나오는 것이죠.

선생님, 사실 문제 풀기는 우리가 참 지겁도록 배움의 과정에서 했던 일인 것 같습니다. 말씀하시는 문제는 그런 것이 아니겠지요?

그럼요. 사실 우리에게 익숙한 문제 풀기는 배운 지식을 얼마나 잘 이해했느냐를 가늠하기 위해 교사가 만들어낸 문제입니다. 이런 문제는 일단 푸는 행위 자체도 타율적인 데다가 종종 사지선다형이나 오지선다형으로 답을 제시하고 고르는 방식이어서 제가 말씀드리는 문제와는 거리가 멉니다.

저도 그럴 것이라고 예상했습니다. 지금 교과서를 보면 개념을 설명하고, 풀이를 달아놓은 연습문제를 제시하고, 챕터 뒷부분에 문제를 잔뜩 내놓은 형태입니다. 이 문제들을 다 잘 풀면 좋은 점수를 얻는 것이지요. 선생님은 이런 식의 문제 제시와 풀이, 그리고 평가가 왜 등장했다고 생각하십니까?

 우리의 교육 시스템이 지식을 중심으로 이루어졌기 때문이라고 생각합니다. 지식은 일단 형성되고 나면 이것을 얼마나 이해했느냐가 가장 중요한 포인트가 됩니다. 그러니 그 이해도를 평가하기 위해서 다양한 문제를 내고, 올바른 답을 내는가 따져보는 겁니다. 어떤 사람이 지식을 제대로 획득했느냐를 이런 식으로 평가하는 것이지요.

지식 중심의 교육 말고 다른 교육도 존재할까요?

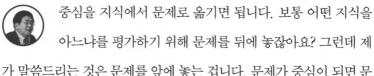 중심을 지식에서 문제로 옮기면 됩니다. 보통 어떤 지식을 아느냐를 평가하기 위해 문제를 뒤에 놓잖아요? 그런데 제가 말씀드리는 것은 문제를 앞에 놓는 겁니다. 문제가 중심이 되면 문제 풀기를 통해 지식 습득이 일어나게 되거든요.

왠지 천동설 지동설 논쟁 같은 느낌이 듭니다. 이 세상의 중심이 어디냐, 지구냐 태양이냐를 묻던 그런 느낌이요. 선생님은 왜 이런 생각을 하게 되셨나요?

저는 오랫동안 KAIST라는 연구중심 대학에서 일했습니다. 연구중심 대학에서는 교육보다는 연구가 중심이 됩니다. 그러나 교육을 등한시하는 것은 아닙니다. 교육은 지식을 전달하고 함양하는 기능을 하지만, 연구는 지식을 창조해내는 기능을 합니다. 연구중심 대학이란 지식전달보다 지식 창조에 더 무게를 둔 대학입니다. 그러고 나서 한동대학교 총장이 되었습니다. 한동대학교는 오랫동안 교육 중심 대학의 모델로 자리했지요. 물론 한동대학교에도 연구를 열심히 하는 교수님들이 계셨습니다. 그런데 가만 보니 이분들이 교육 중심이라는 분위기 때문인지 소극적으로 연구에 임하시는 거예요. 우리나라에선 "연구를 열심히 하면 교육을 등한시한다"는 말이 돌곤 합니다. 반면 "인성 교육이나 영성 교육을 하느라 시간이 부족하여 연구할 틈이 없다"라고 말씀하시는 열성적인 교육가들도 있습니다. 그러나 만나서 한참 이야기하다 보면 이분들 역시 연구보다는 교육만 하자는 의도를 가진 건 아니더라고요. 하지만 현실에서는 종종 교육 중심이냐 연구 중심이냐를 두고 논쟁이 일어나긴 합니다. 저도 여러 번 이런 현상을 목도했습니다.

 그 논쟁의 한가운데 있었던 저는 그 이슈를 아주 잘 이해합니다. 저는 이 문제가 교육자 자신의 스타일이라고 봐요. 연구가 좋으면 연구에 집중하고, 교육이 좋으면 교육에 집중하면 되는 것 아닐까요? 이 부분을 남에게 "이것은 하지 말고 저것만 하라"고 강요하는 것은 집단적 강압이라고 생각해서 저는 별로 신경쓰지 않았습니다.

 이 선생은 그 와중에 자신의 연구실을 잘 지킨 분입니다. 그런데 한번 생각해보세요. 답이 있는 문제를 푼다면 별 문제가 없지만, 만일 답이 아직 없는 문제를 푸는 거라면 상황이 좀 달라집니다. 이미 있는 지식, 그러니까 기존의 지식도 다 알아야 하지만, 새로운 지식을 만들어내기도 해야 하거든요. 그래서 저는 교육중심이다 연구중심이다 이런 이슈를 가지고 갑론을박할 게 아니라 문제 중심에 포코스를 맞춰 논의해야 한다고 강조하는 겁니다.

문제 중심이 되면 교육 중심이나 연구 중심을 넘어설 수 있는 거로군요. 일종의 변증법 같아요.

그렇죠. 교육 중심과 연구 중심은 어떤 입장이냐에 따라 테제(These)와 안티테제(Antithese)가 되지만, 이것을 넘어서 문제 중심이 되면 정과 반을 합하는 진테제(Synthese)가 되는 것입니다. 돌아가신 김영길 총장님도 진트로피(syntropy)라는 말씀을 많이 하셨잖아요? 문제를 중심에 놓으면 모르는 지식을 가르치고 배우는 교육이 일어나고, 새로운 지식을 발견하는 연구가 일어납니다. 이것을 구분하는 것 자체가 무의미해지죠.

 종종 "교육은 학부생에게, 연구는 대학원생에게" 하는 식으로 구분 짓기도 하는데요, 선생님은 학부생도 연구가 가능하다고 보시나요?

 그야 이 선생이 더 잘 알고 있잖아요? 학부생 데리고 연구해서 SCI 논문도 쓰고 하신 것을 알고 있습니다. 바로 그거예요. 학부생도 좋은 문제를 잡으면 흥미가 생겨 탐구하고 배우고 실험에 집중할 수 있습니다. 그러다가 답을 찾으면 그것이 바로 새로운 지식이 되는 것이지요. 생각해봐요, 인류의 지식을 어디 박사 학위를 한 사람들만 만들어냈습니까? 선사시대의 사람들은 알아서 불을 사용하기 시작했고, 그 불로 돌을 태우고 그 안에서 쇠를 뽑아내게 됩니다. 그런데 이걸 누가 가르쳐준 게 아니에요. 스스로 깨친 겁니다. 직접 해봤으니까요. 돌에서 흘러나오는 붉은 물이 굳으면 이제껏 보지 못한 강력한 재료가 나온다는 것을 알게 된 것입니다. 이처럼 우연을 포함한 다양한 발견이 인류를 오늘날로 인도했습니다.

저도 깊이 공감합니다. 가끔 학부생은 지식이 부족하니 연구를 하기엔 부족할 거라고 생각하는 경우가 있는데요, 이런 편견과 관계없이 연구에 몰두하는 친구들을 이따금 보게 됩니다. 물론 이런 친구들은 자기 스스로 아직 학부생인 처지라 그런 과정을 연구라고 생각하지는 않지만, 그것은 분명 연구이고 동시에 공부입니다.

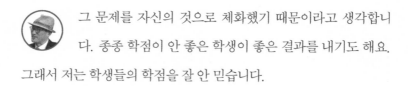

그래요. 그 학생들은 왜 그렇게 공부와 연구에 몰두했을까요?

그 문제를 자신의 것으로 체화했기 때문이라고 생각합니다. 종종 학점이 안 좋은 학생이 좋은 결과를 내기도 해요. 그래서 저는 학생들의 학점을 잘 안 믿습니다.

네, 학점으로 사람을 평가하는 것은 매우 야만적입니다. 저는 대학 총장으로 지내면서도 인재는 그렇게 줄을 세울 수 있는 것이 아니라고 늘 생각했어요.

 선생님 말씀을 듣다 보니 학생의 마음을 사로잡는 문제가 좋은 문제라는 생각이 듭니다. 어떤 것이 좋은 문제일까요?

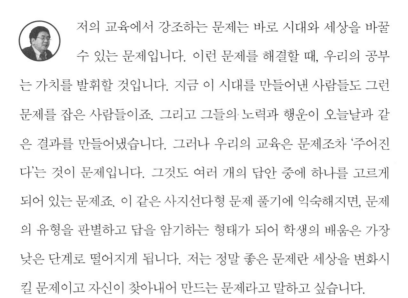 저의 교육에서 강조하는 문제는 바로 시대와 세상을 바꿀 수 있는 문제입니다. 이런 문제를 해결할 때, 우리의 공부는 가치를 발휘할 것입니다. 지금 이 시대를 만들어낸 사람들도 그런 문제를 잡은 사람들이죠. 그리고 그들의 노력과 행운이 오늘날과 같은 결과를 만들어냈습니다. 그러나 우리의 교육은 문제조차 '주어진다'는 것이 문제입니다. 그것도 여러 개의 답안 중에 하나를 고르게 되어 있는 문제죠. 이 같은 사지선다형 문제 풀기에 익숙해지면, 문제의 유형을 판별하고 답을 암기하는 형태가 되어 학생의 배움은 가장 낮은 단계로 떨어지게 됩니다. 저는 정말 좋은 문제란 세상을 변화시킬 문제이고 자신이 찾아내어 만드는 문제라고 말하고 싶습니다.

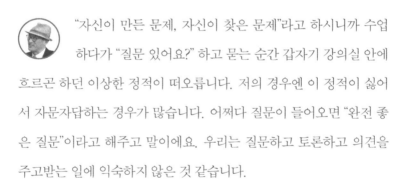 "자신이 만든 문제, 자신이 찾은 문제"라고 하시니까 수업하다가 "질문 있어요?" 하고 묻는 순간 갑자기 강의실 안에 흐르곤 하던 이상한 정적이 떠오릅니다. 저의 경우엔 이 정적이 싫어서 자문자답하는 경우가 많습니다. 어쩌다 질문이 들어오면 "완전 좋은 질문"이라고 해주고 말이에요. 우리는 질문하고 토론하고 의견을 주고받는 일에 익숙하지 않은 것 같습니다.

 유교적인 문화가 한몫하는 분위기도 무시할 수 없죠. 거기에 늘 시험을 치르고 채점하는 교육 풍토가 견고한 사회였

고요. 사실 우리나라는 토론식 교육이 거의 이루어지지 않았습니다. 중세의 스콜라 교육에서는 교양 교육의 일환으로 세 개의 교육인 트리비움(Trivium)과 네 개의 전문 교육인 콰트리비움(Quadrivium)을 가르쳤습니다. 여기서 내용보다 형식만 한번 볼게요. 첫 번째는 렉처입니다. 우리가 하는 강의가 이에 해당합니다. 당시 렉처는 일종의 권위 있는 강독이라 오직 듣는 것만 허용되었습니다. 그러나 강독이 끝나면 혼자 학습하는 시간을 주고, 그다음에 질문하고 토론하는 시간을 가졌습니다. 그런데 오늘날의 교육은 강독과 질의응답을 합치고, 문제 풀기나 조사를 숙제로 내주는 방식으로 진행되고 있습니다. 그나마 지식의 양이 폭증하면서 교육 시간의 대부분을 강의로 채우게 되었고요. 대학교재를 한번 보세요, 정말 방대한 분량이지 않습니까? 그렇게 많은 지식을 가르치고 배운다고 생각하면 강의로만 시간을 다 써도 부족할 겁니다.

## 트리비움과 콰트리비움

트리비움(삼학三學)은 중세 서양의 대학교에서 가르쳤던 자유과의 큰 두 갈래 중 하나다. 삼학은 사과(四科, quadrivium)의 기초로서 수학했던 학문으로 문법(grammar), 논리학(logic), 수사학(rhetoric)으로 구성된다. 문법은 언어의 구조를 연구하는 학문이며, 논리학(혹은 변증학. 당시에는 논리학과 변증학이 동의어였다)은 생각과 분석의 체계를 분석하는 학문이다. 수사학은 언어를 조리 있고 설득력 있게 쓰는 방법을 연구하는 학문이다. 당시 라틴어는 학문과 사상에 있어 국제 언어로 쓰였기 때문에, 이 세 학문을 통해 아주 중요하게 다루어졌다. 삼학은 자유과에서 기초적인 역할을 했기 때문에, 중세의 많은 대학에서 이를 중요한 과정으로 다루었다.

콰트리비움(사학四學)은 라틴어로 4거리를 말한다. 이것은 철학과 신학을 공부하는데 필요한 기초로서 교양의 상위학제로 여겨졌다. 여기에는 산술(추상적인 수론), 기하(공간의 수론), 음악(시간의 수론), 천체학(시공간의 수론)이 포함되었다.

그렇군요. 중세와 달리 폭증하는 지식의 무게가 학생들과 교육을 짓누르고 있습니다. 이런 식으로 계속 간다면 앞으로의 세대들은 더 많은 지식을 배우느라 시간을 더 많이 써야 한다는 결론이 되는데요. 그러다 보면 이들이 사회에 진출하는 시기도 점점 늦춰지는 거 아닐까요?

 지식의 양과 학습 기간과 연계하여 합리적인 접점을 찾아야겠죠. 반대로 아예 지식을 거부하고 사는 경향도 등장하리라고 봅니다. 신종 문맹, 아니 자발적 문맹 비슷한 사람들이 탄생할지도 모릅니다. 고도로 발달한 기술의 혜택을 누리면서 많이 배운 사람과 별 차이 없이 살 수 있다면 애써 교육을 받을 필요가 없다고 생각하는 부류지요. 사실 여태까지 인류의 역사에서 교육은 자신이 인생에서 성취하고자 하는 욕망을 어느 정도 충족시켜줄 바람직한 수단으로 인식되어 왔습니다. 아직도 그 기능을 다 잃지는 않았고요. 그래서 더욱더 문제를 마음에 품는 것이 중요하다고 강조하는 겁니다. 교육의 필요가 이전에는 학벌과 특정 클래스에 소속하는 안정감을 주었다면, 이제 인공지능 시대를 앞에 둔 요즘 같은 시대에는 자신이 성취하고자 하는 사명이나, 풀고자 하는 문제, 혹은 질문이 있는 사람들만 교육에 관심을 두게 될 것입니다.

질문은 교육을 지켜내는 뿌리 같은 것이군요. 좋은 질문으로 얻었던 좋은 경험 있으시면 하나만 소개해주세요.

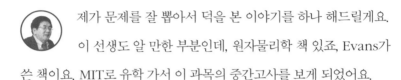

제가 문제를 잘 뽑아서 덕을 본 이야기를 하나 해드릴게요. 이 선생도 알 만한 부분인데, 원자물리학 책 있죠, Evans가 쓴 책이요. MIT로 유학 가서 이 과목의 중간고사를 보게 되었어요.

저도 그 책 공부했습니다. 아주 두껍고 골치 아픈 수식으로 가득한 책이죠.

반 학기 만에 300쪽이나 진도가 나간 거예요. 시험은 내일인데, 저는 교회 가서 성가대도 서고 그러다 보니 시험공부를 많이 못 했어요. 주위의 미국인 친구들을 보니 준비를 많이 했더라고요. 그때 F학점이 많이 나오는 악명 높은 과목이란 것도 알게 되었는데, 그래도 저는 내심 밤을 꼬박 새우면 못할 게 뭐 있겠나, 하고 생각했습니다. 마음을 딱 먹고 저녁 아홉 시에 공부를 시작했는데 이게 300쪽이나 되는 분량이다 보니 공부는커녕 한 번 읽기에도 시간이 모자라는 상황인 거예요. 특단의 조처를 취해야 했습니다. 저는 내일 교수가 무슨 문제를 낼까 고민하면서 예상 문제를 다섯 개 뽑았어요. 그리고 그 문제에 대한 답을 만드는 데 시간을 썼습니다. 아마 두 시간 정도 걸렸던 것 같아요. 밤도 안 새고 잠도 잘 자고 시험을 보러 갔습니다. 결과가 어떠했을까요?

 분위기상 완전 대박이 난 것 같은데요?

 저는 만점을 받았고, 밤을 샌 친구들은 형편없는 성적을 받았습니다. 그 친구들은 문제를 예상하지 못한 거예요. 저라고 왜 걱정이 없었겠어요? 결과를 알고 나서도 마음이 썩 편하지만은 않았어요. 열심히 공부한 친구들의 점수가 더 잘 나오는 게 정상인데, 저는 사실 문제를 잘 예측해서 맞힌 거니까 이게 어딘지 약간 불공정해 보였거든요. 그런데 한참 뒤에 그 시절을 반추해보면서 '역시 문제가 문제구나' 하는 생각을 하게 되었습니다. 좋은 문제를 찾아내는 것은 인생에 여러 가지 유익을 주는구나, 심지어 무서운 시험을 통과하는 길도 열어주고, 좋은 문제를 잡고 풀어가던 사람들의 이름을 우리가 기억하는 것도 다 이런 맥락이구나… 하면서요. 일종의 깨달음이었습니다.

 노력파 친구들은 이런 이야기를 안 좋아할 거예요. 열심히 노력하는 사람이 좋은 성적을 받아야 한다, 라는 생각이 세상에서 통용되는 상식이잖습니까? 하지만 선생님은 좋은 문제를 발견한 사람이 좋은 성적을 받아야 한다는 새로운 기준을 말씀하셨는데요. 저는 이 말씀도 옳다고 봐요. 경쟁은 줄 세우기이지만 사실 인생은 보물찾기잖아요. 좋은 문제라는 보물을 찾으면 줄을 서서 배급받는 것과 전혀 다른 상황이 눈앞에 벌어지게 되거든요. 보물찾기로 생각하면 시각도 달라지고 태도도 달라집니다. 남이 가지 않은 길인가, 얼마나 넓게 뒤졌느냐가 보물찾기에서는 성패의 관건이니 말입니다. 들뢰즈와 가타리가 쓴 **『천 개의 고원』**은 사실 수많은 다양체의 면들을 고원으로 표현한 것이지만, 저는 종종 다른 차원에서 고원을 생각합니다. 캐나다에서 잠시 있을 때, 나이아가라 폭포를 만든 거대한 단층이 고원지역과 저지대를 만들었는데요, 그곳 사람들은 고원 지역을 어퍼마운트라고 불렀어요. 올라가면 물론 평지지요. 언더 마운트에서 어퍼 마운트로 가려면 좁은 길을 지나 올라가야 했습니다. 저는 종종 그 책의 제목에서 고원에 오르는 길은 줄세우기의 외길이고, 일단 고원에 올라가면 이리저리 달려나가는 그런 천 개의 길이 있다고 상상하곤 했습니다. 고원에 오르기 전의 시대는 등산의 시대로서 누가 더 높이 올라갔는가를 평가의 기준으로 삼았지만, 고원의 시대에는 누가 더 멀리 더 넓게 경험했는지를 중요하게 여긴다는 것이지요. 그리고 보면 선생님께서 말씀하시는 문제라는 것은 해결해야 할 성가신 골칫덩어리나 반드시 풀어야만 다음 기회를 얻을 수 있는 그런 게이트 같은 것이 아니고, 고원을 달리게 하는 목표점으로 보입니다.

그런 목표점을 갖고 성공하신 경험을 하나만 더 이야기해주세요.

 우리나라가 원자력 기술 자립을 할 때의 일입니다. 우리는 당시 웨스팅하우스의 원자로에서 컴바스천 원자로로 로형을 변경하면서 설계기술을 확보했습니다. 저는 그 당시에 이런 질문을 던지곤 했어요. "어떻게 하면 기술을 수입한 우리나라가 세계 최고의 원자로를 만들 수 있을까?" 사실 이 질문을 사람들에게 직접 던지지는 못했으나 제 가슴에는 꼭 품고 있었습니다. 곰곰이 생각해보니, 더 안전하고 더 싼 원자로면 세계 최고가 되겠더라고요. TMI 원전 사고 이후 안전을 높이는 데 필요한 거의 모든 조처를 취한 뒤였기에 더는 해결할 길이 없다고 생각되었습니다. 그러나 저는 중대사고에 대한 경험과 지식이 있었기에 원자로로심 용융빈도를 낮추는 데 도전했어요. 결정론적 안전해석으로는 이것이 잘 드러나지 않는데, 저는 과감히 자동 감압 장치를 설치해야 하고 이것으로 사고 시 피드 앤 브리드(feed and breed) 운전을 하면 로심 용융을 방지할 수 있다고 강조했습니다. 원자로 원설계자인 컴바스천 엔지니어링 사람들도 고개를 저었고, 한수원도 괜히 긁어 부스럼이 될 거라며 부정적인 견해를 내었는데요. 하지만 결국 이 장치를 장착해서 원형로보다 열 배 안전한 원자로가 되었습니다. 결국 안전 면에서 세계 최고를 만든 것이죠. 이 설계는 미국에서도 받아들여 이후의 원자로에 모두 장착하게 될

## TMI 원전사고

미국 상업 원자력 발전소 역사상 가장 중요한 사고로, 펜실베이니아주에 있는 Three Mile Island 2호기(TMI-2) 원자로가 부분 용융이 일어난 사고다. 1979년 3월 28일 오전 4시에 시작되었고, 원인은 가압기상부의 밸브의 기계적 고장을 발전소 운영자가 상황을 냉각수 손실 사고(LOCA)로 인식하지 못한 초기 실패로 인해 악화되었다. 원자로 격납용기가 효과적으로 사고영향을 차단하여 외부로의 방사선 누출은 차단되었다는 점에서 이후의 체르노빌 사고나 후쿠시마 원전사고와 차별화된다.

만큼 기술력을 입증받았습니다.

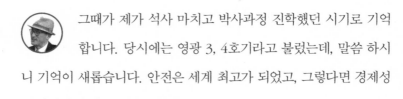 그때가 제가 석사 마치고 박사과정 진학했던 시기로 기억
합니다. 당시에는 영광 3, 4호기라고 불렀는데, 말씀 하시
니 기억이 새롭습니다. 안전은 세계 최고가 되었고, 그렇다면 경제성
은 어떻게 최고로 만드셨어요?

경제성은 들어가는 부품을 줄일 수는 없잖아요. 결국은 건
설 기간을 줄이는 것이 관건이었죠. 건설도 필요한 시간은
반드시 지켜야 하잖아요? 그런데 동시에 할 수 있는 것이 있었어요.
바로 인허가입니다. 인허가에 따로 시간을 들이면서 건설 기간이 늘
어나면, 금융비용이 바로 증가하는 구조죠. 저는 이에 착안하여 인허
가 기간을 줄이기 위해 인허가 마일스톤을 검토하고 이를 최적화했
습니다. 결국 우리나라 원전이 가장 안전하고 가장 싼 것이 되었어요.
세계 최고를 어떻게 만들 수 있을까 하는 마음속 질문에 대한 답이 저
절로 만들어진 셈이죠. 좋은 질문은 언제나 가장 좋은 답을 품고 있습
니다.

 이런 성공과 자신감이 우리나라 원자력발전소를 해외에
수출하게 해준 가장 큰 원동력이 되었던 거로군요. 선생님

이 이 분야에 기여한 바는 너무 혁혁해서 이제는 하나의 전설이 되셨습니다. 그런데 선생님, 이런 문제를 마음에 품는 것이 쉬운 일은 아니잖습니까? 그것은 자신감입니까, 아니면 어떤 일종의 계시 같은 것인가요?

둘 다인 것 같아요. 저도 설명이 잘 안 됩니다. 당시에 상황을 접하면서 많이 고민했습니다. 우리나라에 엔지니어링을 경험한 학자가 거의 없는 상황에서 이 문제는 제가 저 자신에게 부여한 일종의 사명 같았습니다. 아무도 요청하지 않은 사명을 잡아든 것 같다고 느꼈지요. 이 문제가 가슴을 흔들어서 저는 밤낮으로 고민해야 했습니다.

저도 기억합니다. 그 프로젝트에 참여했으니 말입니다. 그럼 이제 좋은 문제를 품은 사람들을 한번 살펴보면 좋을 것 같습니다. 2012년에 빌 게이츠를 만나서 미래 원자력에 대해 논의하신 것으로 알고 있습니다. 빌 게이츠는 어떤 문제를 품고 있던가요?

빌 게이츠는 최근에 나트륨 원자로, 용융염 원자로 등 4세대 원자로에 관심을 두고 투자하는 중이었습니다. 물론 이것은 그 스스로 "우리 인류가 지속적으로 생존할 수 있을까?"라는 질

## 4세대 원자로

마이크로소프트 공동창업자 빌 게이츠는 소형 모듈 원자로 스타트업인 테라파워( TerraPower ) 7억 5000만 달러를 모금했다. 현재 대다수의 원자력 발전소가 경수를 냉각 및 감속재로 사용하고 있어 100기압이 넘는 운전조건을 요구하는 것과 달리, 용융염이나 나트륨과 같은 액체금속을 사용하여, 높은 압력으로 인한 파손누출가능성이 없고, 더 작은 크기는 원자로를 현장에서 비싸지 않게 공장에서 건설할 수 있게 해준다. 핵연료를 증식시킬 수 있는 성능도 탑재된다. 우리나라의 SK그룹도 투자를 결정하여 협력하고 있다.

문에 대해 답을 찾아가는 과정의 일부라고 봅니다. 그는 인류의 지속성을 위협하는 가장 큰 요인으로 지구온난화와 에너지 고갈을 들었고, 다른 하나로 팬데믹과 같은 전염병의 공격을 꼽았습니다. 덕분에 빌 게이츠 팬데믹 음모론까지 등장했죠. 그런데 그가 던진 질문은 매우 중요한 이 시대의 질문입니다. 실제로 우리는 우리 일상의 생존에 큰 의문을 품지 않습니다. 『총균쇠』로 유명한 **재러드 다이아몬드** 교수가 쓴 『멸절』이라는 책을 볼까요? 거기서 그는 갑자기 집단으로 사라진 생명체들의 원인을 분석했습니다. 그런데 놀랍게도 그중 하나가 에너지 과소비였어요. 생물은 에너지를 과소비하여 모두가 멸절하는 상황에 처해도 미련 없이 에너지를 과소비한다는 겁니다. 왜냐

하면, 그들은 본능적 욕망에 충실하기 때문입니다. 우리 인간은 이성을 갖고 있고, 상호 이해와 통제가 가능합니다. 그러나 아주 거시적으로 보자면 욕망의 분출을 통제하는 데엔 한계가 있습니다. 그래서 빌 게이츠 같은 이가 인류의 지속 가능성에 대해 큰 의문을 던지는 것이지요.

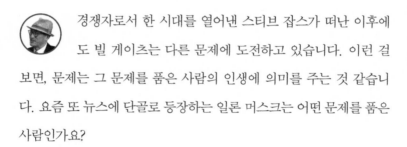 경쟁자로서 한 시대를 열어낸 스티브 잡스가 떠난 이후에도 빌 게이츠는 다른 문제에 도전하고 있습니다. 이런 걸 보면, 문제는 그 문제를 품은 사람의 인생에 의미를 주는 것 같습니다. 요즘 또 뉴스에 단골로 등장하는 일론 머스크는 어떤 문제를 품은 사람인가요?

일론 머스크는 친환경 자동차의 확산에 불을 당긴 사람이고, 우주여행을 산업화하는 사람으로 알려져 있습니다. 그는 페이팔에 투자하여 돈을 번 후에, 테슬라라는 자동차 회사를 사들인 다음, 테슬라 전기 자동차를 만들어 판매했지요. 맨 처음에는 사람들이 그의 도전을 비웃었지만, 그의 전기 자동차는 젊은이들 사이에서 혁신의 상징으로 인식되면서 시장을 점유하게 되었습니다. 요즘은 우리나라에서도 자체 생산하는 전기 자동차가 기지개를 켜면서 테슬라에 도전장을 내밀고 있어 매우 자랑스럽습니다. 그런데 이 선

생은 일론 머스크가 단순히 돈과 기회를 보고 달리는 사람이라고 생각하나요?

 저는 일론 머스크가 우리에게 수수께끼를 던지고 있다고 봅니다. 전기 자동차, 하이퍼 큐브 철도, 재활용 우주선, 땅굴 파기, 솔라시티…. 그가 벌이는 이런 사업들이 갖는 키워드의 코드를 맞추다 보면 하나의 그림이 나옵니다. 저는 그가 지구를 떠나고 싶어 하는 사람이라고 봅니다.

 나랑 거의 생각이 같아요. 나도 그렇게 봤거든요. 화성에서 살고자 한다면 그의 기술은 선택이 아니고 필수가 되는 것이죠. 화성에는 산소가 없으니 우리가 사용하는 화석연료를 태우는 엔진 자동차는 아무 쓸모가 없습니다. 강물도 흐르지 않으니 수력 발전도 안 되지요. 사용 가능한 것은 태양광이나 원자력뿐이에요. 그러니 거기서 얻은 전기를 이용하여 이동하고, 지하에 도시를 건설해야 합니다. 일론 머스크는 제가 볼 때 빌 게이츠보다 질문이 더 앞으로 나간 것 같아요.

 그러게요. 빌 게이츠가 "어떻게 해야 인류가 생존할 수 있을까"라고 질문하고 있다면, 일론 머스크는 "지구를 포기하고 화성에 가서 살려면 어떻게 해야 하나" 하는 문제를 풀고 있는 중인 것 같습니다. 정말 괴짜들이에요.

이 질문들만 보면 현실감이 떨어지는 것처럼 생각되지만 그들은 사실 질문을 풀어가는 과정에서 나오는 중간 제품들로 세상을 바꾸고 있습니다. 한동대 옆에 건설된 영일만 산업단지에는 몇 년 전에 조그마한 규모로 들어섰던 에코프로라는 회사가 있는데요. 그 회사가 이제 산업단지 거의 대부분을 차지하고 있습니다. 그야말로 글로벌기업으로 도약하고 있죠. 이런 모습을 보면 일론 머스크의 기침이 포항까지 영향을 미친 것이 아닐까 생각하게 됩니다. 배터리 양극재 공장이 바로 좋은 예입니다. 앞으로 우리 사회에 엄청난 양의 전기 자동차가 공급될 텐데, 그러면 전기 자동차마다 탑재될 배터리는 또 얼마나 많아질지 한번 상상해보세요. 배터리를 만드는 일이 국가를 먹여 살릴 새로운 성장 동력이 된다는 뜻이잖습니까? 저는 빌 게이츠나 일론 머스크의 질문들이 이처럼 새 시대를 열어가고 있다고 봅니다.

## 에코프로

에코프로는 1998년 설립 이래 대기오염 제어 관련 친환경 핵심소재 및 부품 개발에 주력해왔으며 2003년부터 수입 의존도가 높은 이차전지 핵심 소재들의 단계별 국산화에 성공함으로써 '환경'과 '에너지'를 양대 축으로 성장하였다. 2016년 5월, 양극소재 사업 전문화를 위하여 에코프로비엠을 물적분할한 에코프로는 2021년 5월 대기환경사업의 전문화를 위해 에코프로에이치엔을 인적분할하고 지주회사로 전환하여 신성장동력 발굴과 ESG 경영체계 확립, 안정적인 자금조달에 집중할 예정이다.

장순흥의 교육은 이런 큰 문제를 품고 자신의 인생을 던지는 그런 사람들을 키워내기 위한 것으로 보입니다. 그러나 우리는 빌 게이츠도 일론 머스크도 아니잖아요. 물론 선생님은 큰 문제를 잡고 풀었고, 또 이런 새로운 교육을 해야 한다는 문제를 잡고 계시지만요. 어떻게 하면 아직 미래를 열지 못한 사람들이나 새로운 인생을 앞두고 자신 없어 하는 일반인들에게 이 같은 장순홍식 교육의 혜택을 누리게 해줄 수 있을까요? 문제를 잘 잡는 것은 로또에 당첨되는 기분일 듯합니다.

 무엇이든 상관없어요. 질문, 질문, 질문을 하면 됩니다.

 질문, 질문이요?

 그들의 성공 과정을 한번 떠올려보세요. 그 사람들은 큰 질문을 던져놓고 '으흠, 내가 정말 멋진 걸 생각해냈군' 하면서 만족하지 않았습니다. 질문에 질문을 계속 더하고 있어요. 질문을 하다 보면, 즉 문제와 문제를 계속 좁혀나가다 보면, 답은 으레 나오게 되어 있습니다. 그래서 질문, 질문, 질문을 하면 된다는 겁니다. 챌린저호가 사고를 당해 폭발했을 때 어땠나요? 수많은 부품을 점검했지만 처음엔 아무런 답을 찾지 못했어요. 그 와중에 질문에 질문을 더

하다 보니 **파인만**(Richard Phillips Feynman, 1918~1988)이 오링이 낮은 기온으로 경직되었다는 것을 알아냈잖아요. 그가 얼음이 들어 있는 차가운 음료를 보여주면서 말하던 장면이 떠오르죠? 어떤 시스템이 고장 났다고 하면 그다음 질문은 서브시스템에서 고장 날 가능성을 보는 것입니다. 여기서 또 질문을 하면 서브시스템의 서브로 가는 것이 되고, 그런 식으로 질문을 잡고 들어가다가 마침내 원인이 밝혀지는 겁니다. 소프트웨어도 마찬가지예요. 따지고 보면 소프트웨어를 개발할 때도 크기를 줄이고 줄이고, 질문하고 또 질문해가면서 문제에서 문제를 파헤치는 능력을 중시하잖아요. 그래서 우리가 항상 루트 코스(root cause)까지 찾아가는 질문 연습을 하는 거고요. 바로 이런 태도가 중요한 겁니다. 이것이 교육에 반영되어야 해요. 앞으로 열릴 시대에서는 이렇게 질문을 잘 하는 게 최고의 덕목이 될 겁니다. 좋은 질문을 가진 사람이 가장 성공한 사람이 될 것이고, 좋은 회사라는 건 좋은 질문을 갖고 좋은 질문을 품은 사람이 많은 회사가 될 겁니다. 좋은 학자라든지 좋은 대학교수란 결국 좋은 문제를 갖고 있는 사람일 테고요. 그래서 우리는 핵심 문제를 찾는 습관을 기르도록 해야 합니다. 그것이 바로 교육의 힘이죠. 학교에서도 핵심 문제를 찾는 그런 교육을 시켜야 하고, 수업시간에는 학생들이 질문에 질문을 이어가도록 독려해야 합니다. 가치를 창출하는 질문, 계속해서 근원을 찾아가는 질문, 그런 수많은 질문으로 이어지는 수업이야말로 장순흥의 교육입니다. 이스라엘 사람들이 노벨상을 많이 받고 선진국이 된 이유를 가만히 살펴보면 답이 나옵니다. 그들은 질문에 능한 사람들이에요. 질문에 질문으로 답하는 사람들이죠. 그런데 우리나라는 어떻습니까? 질문하는 것을 창피해 하잖아요. 이런 분위기부터 바꿔야 합니다. 모르는 게 창피한 것이 아니라 모르면서 질문하지 않는 것이 오히려 창피한 일이라는 걸 인지해야 합니다. 우리 교육이 당면한 문제의 핵심은 바로 이것입니다.

 장순흥 교육의 핵심을 역설해주셨습니다. 그런데 우리나라에선 왜 노벨상 수상자가 나오지 않을까요?

참 나쁜 질문이면서 동시에 좋은 질문이에요. 제가 러플린 총장하고 일할 때였어요. 러플린 총장은 노벨상을 받는 건 열심히 노력하는 것만으로 되는 게 아니다, 라고 하더군요. 열심히 노력하는 걸 기준 삼아 노벨상을 준다면 아마 우리나라 과학자가 한 해에 수십 명씩 타야 할 거예요. 러플린 총장은 자신이 노벨상을 탄 이유를 설명해주었어요. 그는 항상 이론으로 설명되지 않는 새로운 실험결과를 찾곤 했답니다. 어느 날 드디어 그런 게 나온 거예요. 문제를 찾은 후 러플린 박사는 거의 일 년을 동굴 같은 실험실에 틀어박혀 그 실험 데이터를 살펴보면서 이것을 설명할 수 있는 이론을 구상했다고 합니다. 마침내 그 이론이 받아들여졌고 자신이 노벨상을 받았다는 거예요. 이게 다 무얼 의미합니까? 그는 좋은 문제를 찾아 헤맨 것이고, 거기에 대해 질문하고 질문하고 또 질문하다가 답을 얻어 노벨상을 받은 것입니다. 그러니까 우리나라가 노벨상을 받도 못 받고의 문제는 노력의 여부가 아니라 아직 제대로 된 좋은 문제를 잡지 못한 데서 오는 거라고 보아야 합니다. 아, 그리고 러플린 총장이 저에게 또 다른 노벨상 수상 비법을 알려줬는데요. 흥미롭게도 이번에는 정반대 방법입니다. 이론으로 밝혀졌지만 실험으로는 구현하지 못한 문제를 잡으라는 거예요. 이걸 실험에서 구현해내면 바로 노벨상으로 가는 겁니다. 또 한 가지는 협업을 잘 하지 않는다는 점입니다. 좋은 생각이 있으면 이를 나누고 함께 풀어가는 협업으로 충분한 가치가 있는 결과를 낼 수 있는데 저마다 뿔뿔이 개별적으로, 그것도 모자라 매우 경쟁적으로 연구를 하다 보니 큰 결과가 잘 안 나오는 것이죠. 우리나라도 앞으로 좋은 문제를 잡고 협력연구를 한다면 조만간에 노벨상 수상자가 나올 것이라고 봅니다.

그렇군요. 얼마나 좋은 문제를 발견하느냐에 따라 개인 인생의 의미도 달라지고, 인류의 미래도 달라진다는 것을 알게 되었습니다. 이제 좋은 문제를 찾는 법을 간략히 말씀해주시면 좋겠습니다.

네, 미래 문제를 발견하는 데서 디지털 협업은 매우 중요합니다. 문제를 어떻게 잘 찾는가의 관건은 첫째, 무엇보다 데이터를 즐기는 데 있다는 걸 알아야 합니다. 예컨대 교통사고 데이터든 어떤 국가나 시장의 데이터든 무조건 관심을 많이 가져야 합니다. 그러니까 뭘 만들려고 할 때 기술이 중요한 게 아니라 팔 만한 물건을 만들어야 한다는 뜻이지요. 그러려면 시장을 잘 알아야 하고, 시장 예측 데이터 같은 것을 이해하고 있어야 하지 않겠어요? 두 번째, 이웃의 고통을 이해해야 합니다. 우리들의 이웃이 무엇 때문에 불편해하는가를 보아야 하는 것이지요. 이때 이웃은 한 개인이 될 수도 있지만, 나라가 될 수도 있습니다. 예를 들어볼게요. 식수를 공급하는 데 굉장한 어려움을 겪는 나라가 있어요. 그럼 가장 시급한 건 그들의 식수 문제를 해결해주는 거죠? 마찬가지로 어떤 개인이든 사회든 국가든 가장 먼저 그들이 안고 있는 문제를 파악해야 합니다. 그 문제로 인해 불거진 고통 상황이 무엇인지 파악하라는 뜻이에요. 세 번째는 미래에 닥칠 문제가 무엇일지 어떤 모습일지 상상해야 한다는 것입니다. 현재 상태는 이러저러한데 이런 상황이 앞으로 이렇게 변할 거 같다, 하면서 상상하여 문제에 접근하는 겁니다. 예를 들어보죠. 요즘 시대엔 경제를 안보와 연결해서 경제 전쟁을 하고 있지 않습니까? 여기서 협력의 필요성이 또 나오죠. 아무튼 미래에 대해서 늘 관심을 가지고 미래에 당면할 여러 문제에 대해 다양하게 상상하는 훈련을 해야 합니다. 그러다 보면 인구변화, 기후변화 등 미래 트렌드를 바꿔줄 여러 요소들이 각기 홀로 존재하는 게 아니라 서로 연결된다는 것을 깨닫게 되는데요, 이를테면 에너지는 안보와 연결되고 나아가 디지털과도 연결되어서 결국엔 이 모든 게 인공지능화한다는 엄청난 변화를 예측할 수 있어야 한다는 뜻입니다. 이렇게 구체적으로 미래를 상상하면 문제들이 보일 겁니다.

선생님, 정말 좋은 말씀을 해주셨습니다. 이제 좋은 문제를 찾게 해주는 핵심 요소들을 다시 정리해보고 싶어요. 머릿속에 꼭꼭 넣어두려고요.

우선 목표 설정이 가장 중요합니다. 목표가 있어야 문제가 보이거든요. 나는 이런 목표를 가지고 세상을 변화시키겠다는 그런 것 말입니다. 어떤 이는 목표는 세우는 게 아니라 깨닫는 것이라고 말하기도 합니다. 역시 좋은 말입니다. 스티브 잡스가 한 말처럼 점을 연결하는 것(connecting dots)이 바로 좋은 예입니다. 우리는 거인이 아니므로 거인의 어깨에 올라타기 전까지는 목표가 잘 보이지 않을 수도 있습니다. 그러나 이런저런 경험과 깨달음을 연결하다 보면 어느 순간 목표가 보이게 됩니다. 목표를 스스로 딱 세우든, 아니면 점들을 연결해서 목표를 발견하든, 일단 목표를 세우는 것이 중요합니다.

 전적으로 공감합니다. 대학원에서 석사학위를 할 때는 지도교수께서 주는 문제를 받으니까 해결해야 할 목표가 정해지는 경우가 많지만, 박사과정부터는 스스로 목표를 세우게 되잖아요. 장순흥 교육의 문제 찾기란 곧 전문 연구자를 키워내는 과정에서 만나는 목표설정과 문제제시를 학습 레벨과 상관없이 도입하는 것이로군요. 목표설정 다음은 무엇이 중요할까요?

 좀 전에 언급한 상상력입니다. **아인슈타인**은 지식보다 더 중요한 것이 상상력이라고 했어요. 그 무엇이 나에게, 우리 인류에게, 사회에 좋은 것인가를 상상해보는 것입니다. 상상력의 정점은 대개 SF 영화나 소설에 많이 등장하는데요, 예를 들어 **쥘 베른**의 소설들을 보세요. 거기 등장한 다양한 기구들이 그 당시엔 어처구니없는 것으로 받아들여졌지만 오늘날엔 실제로 구현되었잖아요. 소설가가 상상한 로켓을 타고 달나라를 가는 세상입니다. 이런 현대 기술들은 미래에 대한 상상에서 비롯된 것입니다. 상상력은 없는 것을 있는 것처럼 생각하는 힘이므로 매우 현실주의적인 사람에게는 조금 어려운 부분입니다. 실제로 상상력은 타고나는 부분도 많거든요. 상상력이 뛰어난 사람은 이를 축복이라고 생각하여 적극적으로 활용해야 합니다.

선생님, 그럼 상상력이 부족한 사람에겐 문제 발견이나 해결이 어려운 것일까요?

아닙니다. 데이터를 살피면 됩니다. 이것이 저의 세 번째 핵심 주장이랍니다. 오늘날 얼마나 많은 데이터가 축적되고 있습니까? 그것을 잘 살펴보면 문제가 발견됩니다. 사람들은 어떤 이슈에 대해 이렇게 저렇게 설명하는데 데이터는 전혀 다른 경향을 보여줄 때가 많거든요. 사실 이런 것을 유심히 살펴보는 일은 현실주의적인 기질을 가진 분들이 잘해요. 요즘 우리 사회도 인구절벽의 문제로 고민이 많잖아요. 그런데 출생률이 급격히 떨어진 것은 외환위기 때였어요. 이때 사람들의 관심은 온통 외환보유고다, 환율이다, 구조조정이다 그런 문제에만 쏠려 있었습니다. 출생률 같은 데이터는 잘 살피지 않았습니다. 이때 갑자기 줄어들었던 출생률은 다른 데이터들, 예컨대 외환보유고라든지 달러환율 같은 것들이 회복되고 나라가 외환위기 극복을 선언한 뒤에도 여전히 달라질 기미를 보이지 않았습니다. 만일 그때 출생률 저하를 눈여겨보면서 적극적으로 개선책을 마련했다면 오늘날 우리가 겪는 위기는 많이 완화되었을 것입니다.

그러게요. 저도 당시 데이터를 최근에 보면서 안타까운 마음이 컸습니다. 외환위기는 곧 경제위기라는 인식 아래 먹고살 걱정에 휩싸여 국민 심리가 아이를 덜 낳는 방향으로 움직였잖아요. 한국전쟁에서 많은 사람이 죽고, 살아남은 사람들은 생명을 키워내는 일에 몰두하여 베이비붐 시대를 열었는데, 사실 한국전쟁과 외환위기는 둘 다 엄청난 위험이었는데 출생률 이슈에서는 정반대 모습을 보여줬습니다.

 마지막으로 제가 요약해서 강조하고 싶은 것은 이웃의 고통이나 불편함을 잘 들여다보아야 한다는 것입니다. 이것도 현상을 잘 관찰하는 현실주의자들에게 유리한 강점일 수 있습니다. "현장에 답이 있다"는 말이 있지 않습니까? 마찬가지로 이웃의 삶에 좋은 문제가 숨어 있다고 생각합니다. 이웃들이 가진 문제를 들여다보면서 이것을 해결하고자 노력해야 합니다.

 그리고 보면 상상력이 뛰어난 사람이 이런 부분에서는 좀 취약할 수 있겠네요.

 반드시 그런 건 아니에요. 상상력이 뛰어난 사람은 이웃의 문제를 들여다보고 그 문제 너머에 있는 더 커다란 문제를 상상하게 됩니다. 옆집 사람이 겪는 문제가 사실은 지구온난화의 결과다 이런 식으로 연결하는 게 가능합니다. 즉 현실에서 이웃의 고통이라는 창(窓)을 통해 인류가 직면한 거대한 문제를 찾아내지요.

 선생님께서 요즘 바라보는 거대한 문제는 어떤 것인가요?

 모두가 걱정하는 지구온난화로 인한 환경파괴입니다. 기후가 단 몇 도만 올라가도 생태계가 파괴되고, 우리의 생존이 위협받아요. 또 한 가지는 양극화입니다. 부유한 자와 가난한 자의 차이가 사회갈등을 만들어냅니다. 물론 국가 간 부의 불평등도 역시 문제를 일으킵니다. 특히 에너지 자원의 빈부격차는 너무나 심각합니다. 에너지 자원 빈국은 어떻게 살아남아야 할지 눈앞이 캄캄한 현실이지요.

 네, 감사합니다. 선생님은 네 가지로 문제 발견의 핵심을 정리해주셨어요. 첫째는 목표 설정, 둘째는 상상력, 셋째는 데이터, 넷째는 이웃의 고통에 공감하기입니다.

 저는 이러한 요소들을 잘 갖추어나가면 좋은 문제를 찾아내게 될 것이라고 생각합니다.

**66**

문제를 잘 찾아내려면
데이터를 즐기고,
이웃의 고통을 이해하며,
닥쳐올 문제를 상상해야 한다.

**99**

# Self Learning

# 스스로
# 배우고
# 익히기

이재영          장순흥

'학교를 졸업하고'라는 말을 잘 꺼내셨어요. 우리 인생은 30년 공부, 30년 밥벌이, 30년 은퇴 이후의 삶이 대부분이 죠. 학교에서의 30년 공부로 인생을 버티기 힘듭니다. 새로운 것이 너무 많이 나오고 있어, 평생 공부, 평생 교육이란 것이 정말 중요해졌습니다.

그렇다고 학력을 무한정 늘리는 것은 결코 좋은 방법이 아닙니다. 자기만의 문제를 잡고 달려가는 평생 학습의 길이 중요합니다. 그래서 저는 자기학습 능력이 있는 사람은 평생을 공부할 수 있는 사람이라고 봐요. 평생을 공부할 수 있는 사람은 인생의 어느 시즌에 있더라도 항상 젊고, 창조적일 겁니다.

앞에서 자기학습이란 것을 언급해주셨는데요. 그 말을 들으니 문득 학교 수업이 끝난 후에도 집에 가지 않고 하는 자율학습이 떠오릅니다. 학교에서 하는 자율학습과 장순흥의 PSC 교육에서의 자기학습엔 어떤 차이가 있나요?

입시로 모든 것이 수렴되는 우리나라의 수업이 요즘엔 방과후 학교와 같은 다양한 능력을 함양하는 방향으로 나아가고 있지만, 큰 틀에서는 변하지 않았다고 생각합니다. 예를 들어, 자율적이라고는 하지만, 여전히 모든 학생을 교실에 앉혀놓고 공부를 시키잖아요? 일종의 강요된 자율학습입니다. 물론 여기에도 장점은 있어요. 친구들이 열심히 하는 것을 보면서 자극도 받고 필요하면 서로 의논도 할 수 있으니까요. 그러나 이렇게 누군가의 감독하에서 이루어지는 자율은 사실 진짜 자율이 아니에요. 타율에 의해 자율이 강요되는 아주 이상한 상황에 놓인 겁니다. 부모들이 자기주도적 공부법을 배우라면서 아이를 학원에 보내는 것도 같은 맥락입니다. 이런 상황이 계속되면 아이들은 누군가가 지시하지 않으면 아무것도 하지 못하는 상태가 되고 맙니다. 그래서 저는 강요된 자율이 아닌 진정한 자율의 중요성을 강조합니다. 누가 시켜서 하는 것이 아닌 상태요.

그렇군요. 저도 한때 친구들과 대학입시 준비를 한답시고 여럿이 친구 집에 모여서 공부한 적이 있었습니다. 그때 친구 어머니께서 정말 지극정성으로 밥도 해주시고 그래서 너무나 좋았지만, 사실 여럿이 공부하는 것이 저에겐 맞지 않더라고요. 결국 한 달 후에 짐을 싸서 집으로 돌아온 기억이 있습니다. 사람마다 특성이 달라서 여럿이 있을 때 공부가 잘되는 사람이 있고, 혼자 고독하게 있을 때 공부가 잘되는 사람도 있습니다.

그래요, 사람의 특성이나 성향은 정말 다양하죠. 그 다양함을 인정하다 보면 집단적인 교육이 불가능하다는 게 명백하게 드러납니다. 그런데도 우리 교육은 변함없이 학생들을 교실에 앉혀놓고 강의하는 형태가 주를 이룹니다. 생각해보세요, 학생들 수준이 다 같나요? 아니죠, 저마다 다르지 않습니까? 교사가 가르치는 내용이 너무 쉬워서 따분해하는 학생이 있는가 하면 같은 내용을 너무 어려워하며 따라가지 못하는 학생도 있습니다. 그러면 그 수업은 잘하는 학생에게도 못하는 학생에게도 결코 도움이 되지 않아요. 양쪽 모두에게 만족스럽지 못할 겁니다. 그래서 교사는 항상 고민에 빠지는 거예요. 잘하는 학생만 목표로 하다간 나머지 학생들이 따라가기 힘들고, 못하는 학생들만 중심으로 가르치면 공부 잘하는 학생들은 깊은 잠에 골아떨어질 테니까요.

하하, 맞습니다. 그래서 표준화된 교육보다는 학생 한 사람 한 사람에게 맞추는 맞춤형 교육이 필요한 거겠지요? 그러나 이게 참 현실적으로 불가능한 문제인 것 같습니다.

그래요. 이 불가능한 교육을 넘어서게 해주는 답은 실은 자기 스스로 학습하는 데 있어요. 교사의 진도에 맞추고 좋은 점수를 얻으려고 하는 공부가 아니라 자기 스스로 필요성을 느껴서, 남이 시키지 않아도 하는 공부, 이것이 진정한 공부입니다. 저는 그런 공부를 자기학습(Self Learning)이라고 부르고 싶습니다.

선생님께서 말씀하시는 자기학습은 시험성적을 높이기 위한 공부보다는 자신이 필요로 하는 부분을 스스로 채워가는 과정이군요. 그런데 학생들이 과연 나에게 필요로 하는 부분이 무엇인지 잘 알아낼 수 있을까요, 그리고 그것을 채워가는 방식을 찾아낼 수 있을까요? 그게 궁금합니다.

그래서 앞서 "문제 찾기가 핵심이다"라고 말씀드린 겁니다. 문제를 잘 찾으면, 그 문제를 해결하고자 할 것입니다. 그러나 문제를 해결하고자 해도 자기 자신이 준비가 되어 있지 않으면 해결할 도리가 없습니다. 바로 이때 공부할 필요성이 생겨나는 거예요. 문제를 찾고 해결할 길을 궁리하는 것, 그 과정이 바로 나에게 부족한 '무엇'을 채워야 하는지 알아가는 공부입니다.

말씀을 들으니 아인슈타인이 떠오릅니다. 일반상대성 이론에 대한 아이디어로 방정식을 만들어야 하는데 아인슈타인은 수학이 딸렸대요. 그래서 비선형 기하학을 따로 공부하고 마침내 일반상대성 이론을 발표하기까지 거의 10년이 걸렸다고 합니다. 필요한 분야의 수학을 공부하는 데 많은 시간을 들인 거죠. 아인슈타인이 아마도 자기학습의 전형적인 모범이 아닐까 싶습니다.

그래요, 우리는 흔히 아인슈타인이 천재이고 수학의 절정 고수라고 생각하지만 그도 부족함이 많았습니다. 특히 그가 물리적으로는 설명했지만 수학적으로는 공식화하지 못한 내용이 있었어요. 이것을 프랑스에 가서 앙리 푸앵카레(Jules Henri Poincaré, 1854~1912)에게 설명하자 푸앵카레가 거의 즉석에서 방정식을 만들어냈다고 하지 않아요? 아주 잘 알려진 일화죠. 그러나 푸앵카레는 자신이 만든 일반상대성 이론에 대한 공식을 '내 것'이라고 주장하지 않았습니다. 그는 아인슈타인이 이미 말로써 수학적 방정식을 만들었다고 본 겁니다. 이 부분에서 저는 푸앵카레가 협업을 할 줄 알았던 사람이라고 생각해요. 이런 인성을 갖춘 사람은 대가라고 불릴 만한

자기학습의 모범 아인슈타인(좌)과 협업 능력과 인성을 갖춘 대가 푸앵카레(우).

자격이 있습니다. 남의 생각도 내 생각으로 가로채는 사람들이 많은 데 눈여겨볼 부분입니다.

## 앙리 푸앵카레

프랑스의 수학자. 특수 상대성 이론에 기여했으며 당시 스웨덴의 왕 오스카르 2세가 상을 건 태양계의 안정성 문제에 도전함을 계기로 삼체 문제를 연구하여 혼돈 이론에 업적을 남겼다. 중력파를 제안하였고 양자역학에서 양자화를 정의하였다. 1887년 32세의 나이로 프랑스 과학 아카데미의 회원이 되었고, 1906년부터는 회장직을 역임했다. 1909년에는 아카데미 프랑세즈의 회원이 되었다. 푸앵카레는 수학과 과학의 이론을 컨벤션(편리성에 근거를 둔 규약)이라고 하는 규약주의를 주장하였다. 푸앵카레의 과학론은 현대에 많은 영향력을 미쳤다. 푸앵카레 추측으로 유명하다.

푸앵카레는 지독한 근시라서 학생 시절에 칠판 글씨를 알아보기 힘들었다. 그는 칠판에 분필로 쓰는 소리와 선생님의 말을 들으며, 칠판을 상상해서 노트하는 특별한 기술을 갖고 있었고, 하루에 오전 오후 두 시간씩 네 시간만 수학 연구를 한 것도 유명하다.

그렇군요. 그러니까 자기학습은 천차만별의 수준을 가진 개인이 자신의 수준에 맞추어서, 그리고 자신의 관심 부분에 집중하여 공부할 수 있는 거의 유일한 길이군요. 그런데 선생님은 하나이고 학생은 여럿이면 이것을 어찌 다 감당할 수 있을까요?

 저는 디지털혁명이 이를 가능하게 해준다고 봅니다. 이제 보세요, 교과서 없이도 얼마든지 공부할 수 있는 시대가 되었잖아요? 구글링을 조금만 해도 우리는 어떤 미지의 단어를 탐구하는 데 어려움이 전혀 없습니다. 그리고 종종 책에서 만나보지 못한 새로운 사실이나 그 사실 너머의 통찰력까지 얻는 경우도 즐비해요. 저는 자기학습에서 중요한 것이 인터넷이라는 바다에 무수히 떠 있거나 가라앉아 있는 지식이라고 생각합니다. 인공지능과의 협업은 자기학습을 더욱 강화해줄 것입니다. 보세요. 제가 한동대학교 총장 시절에, 우리 학생들에게 고아들을 보육하는 선린애육원 원생들에게 인공지능으로 수학을 가르치는 것을 하게 했잖아요. 인공지능은 학생이 문제 푸는 것을 보고, 그 학생의 약점을 찾아냅니다. 그리고 그 약점이 고쳐질 때까지 계속해서 관련 문제를 풀게 하지요. 그 결과 다양한 수준의 학생들의 수학을 개인 수준별로 가르칠 수 있더라고요. 이제 골프를 배우려 해도 인공지능이 몇 번 동작을 보고는 이렇게 저렇게 맞춤형으로 고칠 수 있는 길을 알려줄 거예요. 앞으로는 인공지능과 연계할 때 셀프러닝이 매우 강력하고 쉬워질 거라고 봅니다.

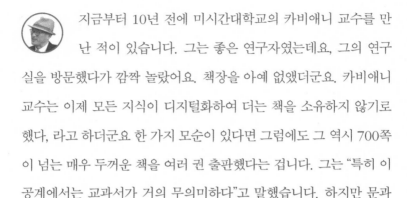

지금부터 10년 전에 미시간대학교의 카비애니 교수를 만난 적이 있습니다. 그는 좋은 연구자였는데요, 그의 연구실을 방문했다가 깜짝 놀랐어요. 책장을 아예 없앴더군요. 카비애니 교수는 이제 모든 지식이 디지털화하여 더는 책을 소유하지 않기로 했다, 라고 하더군요 한 가지 모순이 있다면 그럼에도 그 역시 700쪽이 넘는 매우 두꺼운 책을 여러 권 출판했다는 겁니다. 그는 "특히 이 공계에서는 교과서가 거의 무의미하다"고 말했습니다. 하지만 문과는 좀 다르지 않을까요?

문과 이과 통틀어 나타나는 공통된 현상입니다. 물론 일차자료를 소장하는 것은 매우 중요한 일이지요. 그러나 이제 그 일차자료를 종이로 소장할 이유는 적어졌습니다. 모두 스캔을 떠서 디지털로 보관하는 것이 정보 열람과 유통에 더 편리하기 때문이지요. 수많은 사람의 육필 원고를 그 사람의 아카이브에서 쉽게 발견할 수 있고, 게다가 그 텍스트들이 이미지와 더불어 상호 참조하도록 게재되어 있으니 이 얼마나 생생한 자료입니까? 디지털혁명은 지식에 접근하는 일을 보다 편리하고 쉽게, 아주 새롭게 해줍니다. 이제 단말기 하나만 있으면 도서관 구석구석을 헤매다 길을 잃을 염려가 없게 된 것입니다.

 선생님 말씀을 들으니 정말 자기학습은 자신의 문제를 놓고 깊이 탐구하면서 한 걸음씩 나가는 멋진 등산 같다는 느낌이 듭니다. 학교를 졸업하고 나면 공부를 반납하는 경우가 많은 것 같은데요. 하지만 요즘처럼 지식의 종류가 날로 다양해지고 또 변화의 속도가 빠른 세계 안에서 살아가는 데엔 자기학습이 주는 다른 차원의 유익도 있을 것 같습니다.

이 선생께서 '학교를 졸업하고'라는 말을 아주 잘 꺼내셨어요. 이제 우리는 초고령 사회로 접어들고 있습니다. 인생을 종종 세 개의 시즌으로 구분하죠. 처음 30년은 공부, 다음 30년은 밥벌이, 그리고 마지막 30년은 은퇴 이후의 삶. 그런데 보세요. 이제 우리는 30년 공부로 평생을 지탱하기 어렵습니다. 학교를 졸업하고도 끊임없이 새로운 것을 배워야 합니다. 새로운 것이 너무 많이 나오고, 이것에 적응하지 못하면 정말 도태될 것 같은 위기감을 누구나 느끼고 있습니다. 그래서 평생교육이란 것이 중요해졌어요. 평생교육을 시키는 쪽도 중요하지만 평생공부를 하는 쪽도 중요합니다. 하지만 평생공부를 한답시고 대학교, 대학원, 대대학원 이렇게 학력을 늘리는 건 결코 좋은 방법이 아닙니다. 오히려 자신이 진정으로 궁금해하는 문제나 분야가 무엇인지 알기 위해 나만의 필요성을 갖고 평생학습에 달려드는 것이 훨씬 바람직합니다. 그래서 저는 자기학습 능력이 있는 사람은 평생을 공부할 수 있는 능력을 갖추었다고 봅니다. 평생 공부할 수 있는 사람은 인생의 어느 시즌에 있더라도 젊고 창조적일 것입니다.

네, 자기학습이야말로 개인의 수준 차이를 극복하고 개인의 다양한 관심사를 모두 구현해나갈 수 있는 좋은 학습법이자 교육법이란 생각에 동의합니다. 더욱이 초 장수 시대에 인생을 풍요롭게 할 평생학습의 가장 큰 디딤돌이라고 생각하니 더욱 그렇습니다. 그럼 이제 사람마다 각자 다른 공부 스타일에 대해 생각해보고 싶습니다. 사람마다 공부하는 스타일이 다른데 선생님의 공부하는 스타일은 어떠신가요?

우리 서로 자신의 방식을 이야기하는 식으로 해야 공평할 것 같아요. 우선 제 이야기를 하자면, 저는 모르는 분야를 공부할 때 항상 중요한 문제가 뭔가를 미리 생각하고 공부해요. 그럼 참 재미있어요. 그리고 무척 빨라져요. 예를 들어 『로마 제국사』를 읽을 때 나는 '로마가 어떻게 해서 성장했는가' '로마는 왜 망했는가' 이 두 개의 질문을 품고 책을 읽었습니다. 여러 이야기를 이 질문과 연관하여 이해하려고 노력하며 읽었죠. 그리고 나서는 '그럼 미국은 어떨까'하는 질문을 갖고 공부했습니다. 일단 '미국은 세계 최강국이다' '이 나라는 어떻게 성장했는가'라는 관점을 유지하며 공부했더니 신기하게도 미국 역사가 무척 빨리 이해되는 거예요. 저는 역사가도 아니고 그냥 과학자인데도 미국이 어떻게 가난에서 벗어나 성장했는지 알게 되었습니다. 제가 깨달은 내용을 설명하면 심지어 전문가들도 제 이야기에 호감을 표하면서 듣고 싶어 하더라고요. 참 재미있는 일이잖아요?

 대부분의 사람은 책을 잡식성으로 읽는데, 선생님은 좀 다르네요. 연구하는 분위기라고 할까요? 빈약했던 나라가 어떻게 초강국이 되었는가, 라는 질문은 역시 흥미롭습니다. 일본도 2차 세계대전의 패전국이었고, 이스라엘은 디아스포라로 2000년을 나라 없이 지냈는데도 오늘날 성공한 나라로 인정받지 않습니까? 우리나라도 한국전쟁의 폐허에서 이렇게 성장한 걸 보면 분명 어떤 구조와 역할이 있었을 것 같습니다.

 그냥 자유롭게 잡식성으로 읽어도 나쁘지 않겠지요. 하지만 더 좋은 것은 스스로 문제의식을 품고 읽는 것입니다. 이를테면 '그래서 이후에 미국은 어떻게 성공했는가?' '일본은 어떻게 성공했나?' 이런 식으로 최초의 질문과 연결하여 생각해보는 것입니다. 저도 처음엔 미국이란 나라의 성공에 관심을 엄청나게 기울였고요, 그다음엔 자연스럽게 이스라엘로 넘어가서 이 나라가 대체 어떻게 성공을 일구어냈는지 살펴보게 되었어요. 저는 이스라엘의 성공을 기적이라고 봅니다. 물론 미국이 성공한 데에도 상당히 재미있는 점이 많지요. 그렇잖아요, 원래 미국은 메이플라워호를 타고 온 각계각층의 다양한 사람들로 이루어진 나라입니다. 처음 대륙에 도착했을 때 그들은 굶주림을 피하고자 인디언한테 옥수수를 얻어먹고 농사짓는 법을 배웠습니다. 그랬던 사람들이 그 짧은 시간에 어떻게 세계 최강국을 건설하게 되었을까요? 너무도 흥미롭지 않습니까? 이런 식으로 관심이 집중된 질문을 품고 집요하게 공부하면 배우는 것이 정말 많아집니다. 이스라엘도 마찬가지입니다. 성경에 나와 있는 것처럼 이스라엘이라고 하는 야곱의 가족 70명이 이집트로 내려가 430년간 종살이를 했다고 하잖아요. 그러다가 거기서 나올 때 대략 300만 명이 되었다고 하고요. 그 300만 명이 광야에서 40년 생활하고 가나안에 들어갑니다. 40년 고생 끝에 여호수아의 인도로 가나안으로 들어가 사사시대를 열게 됩니다. 사사시대는 기원전 1200년경~1050년경으로 후기 청동기시대가 끝나고 전기 철기시대가 시작되는 시기인데요. 초대 왕 사울이 있었고, 두 번째 다윗 왕이 나오고, 세 번째가 솔로몬 왕인데 아시다시피 솔로몬 왕 때 이스라엘은 거의 세계 최강국이 되었습니다. 시바 여왕 같은 사람이 이스라엘에 정치를 배우러 오잖아요. 당시에 이스라엘에는 은이 굉장히 흔했다고 합니다. 버려지는 게 은이었을 정도로요. 광야에서 극빈에 시달렸던 과거를 생각하면 정말 너무도 다른 상황에 처한 겁니다. 물론 그 이후로 이스라엘은 파란만장한 역사를 쌓아가지만, 교육과 경제의 힘으로 전 세계를 놀라게 합니다. 최근 저는 한국 역사를 공부하면서 우리나라가 참으로 놀라운 나라임을 다시 깨달았습니다. 우리도 1960년대까지 세계 최빈국 중 하나였잖아요? 전쟁 후의 폐허 상태에서 약 50~60년 만에 세계 최고의 선진국 반열에 오른 나라가 되었습니다. 이것도 세계 역사상 매우 드문 일입니다. 이런 일이 어떻게 가능했을까요? 이렇게 정확한 문제의식을 가지고 살피면 보이는 것이 달라집니다. 그러니까 어떤 문제를 살필 때 흔히 하듯 팩트를 먼저 보고 그다음에 부분적으로 분석하지 말고 문제의 핵심을 견지하면서 살펴야 한다는 뜻입니다. 그러면 책을 읽으며 공부할 때도 훨씬 재미있고, 공부가 재미있으니 부족한 부분이 느껴질 때 심화해서 읽고 공부하게 됩니다. 문제를 가지고 스스로 공부하면 정말 도움이 됩니다. 그래서 제가 계속 강조하는 것이지요. "문제를 찾아라" "문제를 분해하는 능력을 키워라" 하고 말입니다.

모르는 분야를 쉽게 공부하는 방법으로 문제의식이나 관점을 갖고 접근하면 좋다는 선생님의 말씀을 들으니 리처드 파인만이 떠오릅니다. 이 노벨상 수상자는 맨해튼 프로젝트에서 엔지니어들이 펼쳐놓은 도면을 보며 자기 나름대로 각 형상을 특정 대상으로 가정하고 연결을 살피다가, 갑자기 한 지점을 지적하면서 "이러면 문제가 생긴다"라고 지적했다고 합니다. 그러자 엔지니어들 눈이 휘둥그레졌대요. "아니, 어떻게 시스템을 알지도 못하면서 문제를 찾아냈냐?"고 하면서요. 잘 모르는 것이지만 '아는 것으로 다시 보기'야말로 자기주도 학습에 매우 중요한 요소인 것 같습니다. 사실 많은 사람이 잘 모르는 분야를 공부할 때 어려움에 빠집니다. 그러다가 전문가와 대화를 나누면서 급기야는 '아, 나는 역시 안 되는 건가?' 하고 절망감에 사로잡혀 스스로 포기하는 일이 벌어지죠. 자기검열은 좋은 습관이지만 반면 자신을 망치는 첩경이기도 합니다. 선생님은 공부하시던 중 이런 경험이 없으셨는지 궁금합니다.

## 맨해튼 프로젝트

제2차 세계대전 중 미국이 주도하고 영국과 캐나다가 공동으로 참여했던 핵폭탄 개발 프로그램이다. 맨해튼 계획은 1939년에 극소수(처음 예산은 6천 달러였다)로 출발하였지만 1945년에는 고용 인구 13만 명, 사용 예산 약 20억 달러(인플레이션을 감안한 2020년 화폐가치로 환산하면 약 230억 달러가 된다)로 성장하였다. 비용의 90% 이상은 공장의 건축과 핵분열 원료의 구입에 사용되었고, 10% 정도는 무기 개발에 사용되었다. 연구 개발과 제조는 미국, 영국, 캐나다 등에 있는 30곳 이상의 지역에 분산되어 진행되었고, 일부는 기밀 지역이었다. 맨해튼 계획은 핵무기 제조가 최대 목표이긴 하였으나, 방사능의 의학적인 이용이나 핵 추진력을 이용한 해군력 확보와 같은 방사선학의 다양한 적용에도 관심을 두고 있었다. 1947년, 맨해튼 계획의 업무는 미국 원자력 위원회로 이관되었다.

그런 경험은 별로 없지만 알게 모르게 제가 인문학 분야에 조금 소홀하다는 생각은 하고 있었습니다. 그저 많은 분을 만나다 보니 귀동냥이 많아서 대충 안다고 생각했던 거죠. 그런데 아까 말씀드린 것처럼 '왜 미국이나 이스라엘이 강대국이 되었을까'라는 관점으로 생각하기 시작하니 제가 정작 그들에 대해 정확히 아는 게 별로 없다는 걸 깨닫게 되었습니다. 제가 이스라엘 대사하고도 친분이 많아 한동대학교에 초대하여 이스라엘 데이를 여는 등 이벤트도 하지 않았습니까? 하지만 정작 이스라엘의 역사에 대해서는 깊이 알지 못했어요. 성경을 읽는 정도였습니다. 그러다가 문제의식 관점을 훈련한 뒤로는 어느 날부터인가 제가 글쎄 이스라엘 대사에게 오히려 이스라엘 역사를 설명해주고 있더라고요. 물론 그는 매우 흐뭇하게 경청해주었습니다. 이 선생은 혼자 공부를 어떻게 했어요? 카이스트 입학 당시에 열수력 분야는 국내의 대학에서는 거의 가르치지 않았는데도 성적이 좋았던 걸 보면 학교 공부만 하지 않았던 것 같습니다.

저는 뭐 선생님처럼 멋진 기록을 갖고 있지는 않아요. 지금 이 자리에 있는 것만으로도 감사할 따름입니다. 제가 공부하는 과정에 많은 좌절을 겪었거든요. 집안 형편이 좀 안 좋아져서 사교육을 받을 수 없었습니다. 죽자고 공부하여 학기 중에 성적을 좀 올렸는가 싶었는데 방학 지나고 새 학기가 되면 도로아미타불이 되곤 했습니다. 친구들은 방학 중에 여러 비밀 무기를 장착하고 돌아오곤 했거든요. 그리고 또 하나, 저의 최고 문제는 공부 이외의 잡다한 관심이 너무나 많았다는 점입니다. 흘러간 옛 노래 부르기, 서예, 글짓기 뭐 이런 식이었죠. 그러다 보니 이런저런 시간 낭비가 많았습니다. 덕분에 성적은 중하위였어요. 친구들도 좀 노는 친구들이었고요. 그런데 신기하게 고등학교 2학년 겨울 방학에 총기가 생겼습니다. 선배 형이 제 공부를 조금 봐줬어요. 그 형이 문제를 내고 교회 가서 봉사하는 시간에 저는 문제를 풀고 그랬는데요, 제가 제법 잘 풀었나 봐요. 저도 당시엔 잘 몰랐습니다. 방학 마치고 고3에 올라가 시험을 치렀는데요, 당시에는 본고사가 있어서 수학을 주관식으로 봤잖습니까? 그때 제가 갑자기 전교 3등을 한 거예요. 거의 수백 등 점프한 겁니다. 선생님들이 "너 어디 가서 똑딱 과외를 하고 왔냐?"고 물을 정도였습니다. 저는 요즘 학생부 전형 심사를 하면서 그 옛날 이런 제도가 있었다면 갑자기 성적이 좋아진 나 같은 학생들은 대학교에 절대 못 갔겠구나, 라고 생각하곤 합니다. 그러고 나서 친구가 바뀌었어요. 전교 10등 안에 드는 애들끼리 만든 원탁이란 모임에도 나가고 그랬습니다. 그러다가 대학입시에서 낙방했습니다. 저보다 성적이 아래였던 친구들은 다 합격했는데 저만 떨어진 거예요. 그리고 후기 대학에 들어갔지요. 그때는 잘 몰랐는데, 어린 나이에 한 번 인생의 쓴맛을 보고 나니 심리적인 압박을 많이 받게 되더군요. 친구들이 위로한다고 했지만 실은 그게 위로가 안 되는 날들이었습니다.

 그런 일이 있었군요. 지독하게 공부한다고 생각했는데 그래서 그랬던 건가요? 그럼 그 이후에 대학생으로서 공부는 어떻게 했어요?

하하, 제 이야기가 주가 되면 안 되는데, 그래도 물어보시니까 조금 더 말씀드릴게요. 이 글을 읽는 분들 중에 저와 비슷한 처지의 분들이 더 많을지도 모른다는 생각에 용기를 내봅니다. 일단 인생의 실패자 낙오자가 된 상태이다 보니 저 자신에게 아무런 자신이 없었습니다. 원자력과에 진학한 것도 그냥 열등감 때문이었어요. 당시에 제가 떨어진 대학에만 있는 학과였으니까 그 애들하고 경쟁한다는 심정으로 선택한 것이었습니다. 그런데 그곳에서 친구와 선배를 잘 만났답니다. 지금은 을지의대 교수로 계신 선배가 조교였는데, 이상하게 저에게 마음을 주시고 많이 이끌어주셨어요. 그 형 덕분에 현대 물리의 세계에 푹 빠졌습니다. 그리고 당시 수학과에 있던 한양대 물리학과 교수인 권영헌하고 이상을 꿈꾸며 벌레처럼 공부했어요. 의대 시체실 바로 위의 아무도 오지 않은 과제도서실에서 면벽수도(面壁修道) 했습니다. 카이스트는 이후에 원자력과를 개설

했는데요, 당시 저는 그냥 공부만 하다가 죽고 싶은 마음이었습니다. 취직도 하지 말고 아무도 없는 섬에 가서 이렇게 과제도서관에서 사는 것 같은 좀스러운 인생을 지속하다가 죽고 싶었습니다. 지금 생각해보니 그때 조금 우울했던 것 같아요.

이 선생은 그렇게 공부만 한 꽁생원치고 조금 남다른 사람이었습니다. 박사과정 시절에 ERC라는 제안서를 작성하라 했더니 엄청나게 빠른 속도로 작성해서 제가 많이 놀랐던 기억이 납니다. 카이스트도 처음에는 심사에서 탈락했지만, 그다음 해에 재도전해서 마침내 신형원자로 연구센터를 열게 되었어요. 그 연구센터가 우리나라 원자력발전소 자립에 기여한 부분을 생각하면 참 의미 있습니다. 우리 모두 너무 자기비하를 하지 말고 자신감을 가져야 해요. 이 선생은 그렇게 혼자 과제도서실에서 오래 공부한 비법이 뭐예요?

저는 루틴이라고 봅니다. 아침에 도서관에 일착으로 도착하고, 그리고 제일 늦게 떠났어요. 하루도 안 빼 먹었지요. 그리고 한 시간 단위로 공부 내용을 기록했습니다. 이렇게 하면 건강을 잃기 쉬워서 나름대로 머리를 썼는데, 그것은 10분 휴식 50분 공부 이런 식으로 스케줄을 잡는 것입니다. 중간에 참고열람실 가서 다양한 분야의 잡지를 읽으면서 기록도 하고요. 원서를 독파하는 데 시간이 얼마나 걸리나 하는 점도 실제로 해보며서 기록했습니다. 한참 공부할 때는 문제를 풀면서 3일에 책 한 권을 떼곤 했습니다. 이런 공부는 시험을 특별히 치르기 위해 하는 게 아니라 그냥 혼자서 자신의 한계에 도전하는 공부입니다. 언젠가 보았던 잊을 수 없는 장면도 떠오릅니다. 그날도 저녁을 먹으러 근처 식당에 가야지 하고 도서관을 나섰는데 붉은 저녁노을이 하늘에 꽉 차 있는 겁니다. 그 순간 갑자기 제 가슴이 알 수 없는 무엇인가로 꽉 차오르는 걸 느꼈어요. 엄청난 희열이 있었습니다. 세상 그 누구도, 그 무엇도 부럽지 않았습니다. 오늘 하루 정말 쉼 없이 공부했고, 좋았고, 행복하다는 생각이 들었거든요. 아마 이런 게 바로 공부가 주는 순수한 기쁨이 아닐까 합니다. 성적이 잘 나오고 상을 받고 했을 때보다 더 기뻤던 순간입니다. 인생에서 잊을 수 없는 순간을 꼽으라고 한다면 저는 날짜도 기억나지 않는 그날, 하늘의 붉은 노을을 바라보며 내 안에서 경험한 그 벅차고 이상했던 환희의 순간을 꼽을 겁니다. 아니, 이제 제 이야기는 그만하고 선생님 이야기를 듣고 싶습니다. 선생님은 대화하면서 즉석에서 이해하는 능력이 정말 탁월하신 것 같아요. 어떻게 그런 학습능력을 지니게 되셨나요?

내가 그렇습니까? 난 잘 몰랐는데요.

 이것은 우리 제자들이 모두 하는 말입니다. 각종 학술토론에서 처음에는 연사가 열심히 설명하지만 조금 지나고 토론이 시작되면 선생님께서 오히려 압도하고 더 중요한 점을 밝히시곤 하셨지요. 무슨 비결인가요?

 글쎄요. 저는 이렇습니다. 일단 경청을 하고, 경청하면서 제가 보고자 하는 관점을 설정하죠. 그리고 그 관점에 비추어 상대방의 이야기를 듣습니다. 어떤 것은 전문성으로 인해 내 이해를 벗어날 때도 많지만, 제가 알고 싶은 부분에 대한 답을 듣기 위해 질문을 시작해요. 그러다 보면 종종 상대방이 이런 관점을 놓친 채로 설명을 하거나 연구해온 점들이 드러납니다. 아마 당시 학생들이 이런 장면을 여러 차례 목격했을 것입니다. 특히 당시 중대 사고의 관점에서 원자로노심 용융빈도를 낮추는 관점을 제가 갖고 있었기 때문에 수십 년을 연구한 전문가도 이 부분만큼은 저에게 밀렸습니다. 저는 이렇게 대화하면서 지식을 얻고 확충하는 것을 좋아해요. 이 선생은 여전히 면벽수행 중인가요?

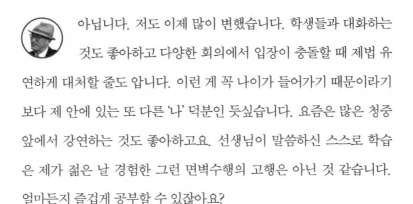 아닙니다. 저도 이제 많이 변했습니다. 학생들과 대화하는 것도 좋아하고 다양한 회의에서 입장이 충돌할 때 제법 유연하게 대처할 줄도 압니다. 이런 게 꼭 나이가 들어가기 때문이라기보다 제 안에 있는 또 다른 '나' 덕분인 듯싶습니다. 요즘은 많은 청중 앞에서 강연하는 것도 좋아하고요. 선생님이 말씀하신 스스로 학습은 제가 젊은 날 경험한 그런 면벽수행의 고행은 아닌 것 같습니다. 얼마든지 즐겁게 공부할 수 있잖아요?

맞아요. 즐거운 공부. 학이시습지 불역열호라는 공자님 말씀이 지당합니다. 저는 기왕이면 공부를 즐겁게 할 수 있는 환경을 만들라고 조언하고 싶어요. 자신이 좋아하는 장소도 포함되는데요. 요즘은 약간 소음이 있는 카페 같은 곳에서 공부하는 사람도 많습니다.

카페 이야기가 나와서 그런데 영국 산업혁명의 주역들이 클럽에서 밤새도록 토론하던 사람들이란 점도 기억납니다. 공부는 이렇게 서로 소통할 때 시너지가 확실히 나는 것 같습니다.

네, 그렇죠. 에디슨도 포드나 파이어스톤 같은 사람들과 어울려서 일 년마다 여행을 떠났습니다. 이들은 여행지에서

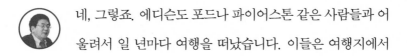

통나무를 패기도 하고, 야외에서 음식을 요리하고, 잔디에 누워 이런 저런 이야기를 나누는 가운데 많은 혁신적인 아이디어를 만들었습니다. 이 모임을 '베가본드 여행'이라고 불렀는데, 얼마나 유명세를 탔는지 대통령까지 참여할 정도였답니다. 그리고 이들이 여행하는 모습을 먼발치에서 구경하려고 한 사람들이 정말 많았다고 합니다. 이런 예에서 알 수 있듯이, 모여서 이야기하면서 생각을 키우는 집단 담화가 자기주도학습에도 매우 중요한 요소인 것 같습니다. 요즘 우리나라도 TV프로그램에 이런 담화 프로그램을 많이 편성하던데요? 대중 강연도 많아져서 좋고요.

 베가본드 모임을 말씀하시니까 저는 영국의 버밍험에서 달이 뜨는 월요일마다 모여 토론했던 '달 클럽'이 떠오르네요. 이 달 클럽에 증기기관을 완성한 제임스 와트와 이를 산업화하는 데 자본을 댔던 볼튼 같은 자본가가 있었죠. 이들이 결국 영국의 산업 혁명의 불씨를 당겼습니다. 사실 그들은 매월 한 차례 만나 술을 마시면서 밤새 토론하고 돌아가는 길에 어두워 넘어질까 봐 밝은 보름달빛을 이용한 거지만, 정기적으로 모임을 열고 거기서 서로 의심 없는 토론을 해나가는 것은 지적 각성과 정신의 상승에 큰 도움이 되나 봅니다.

### 달클럽(Lunar society 혹은 Lunar circle)

1765년에서 1813년 사이에 영국의 버밍엄에서 사업가, 과학자, 의사, 지식인, 엔지니어들이 모여 토론하던 클럽이다. 처음에 "Lunar Circle" 이라 했으나 1775년 "Lunar Society"로 부르기 시작했다. 보름달이 뜬 밤에 가로등 없이도 집으로 돌아갈 수 있기에 붙은 이름으로, 멤버들은 스스로를 '미치광이'라고 유쾌하게 표현했다 . 에라스무스 다윈(찰스 다윈의 할아버지), 매튜 볼튼((제임스 와트와 산업혁명을 이끈 사업가) 등이 멤버였다. 종종 미국에서 벤자민 프랭클린과 토마스 제퍼슨이 방문해서 토론하기도 했다.

얼마 전 최재천 교수님을 모시고 『**최재천의 공부**』란 책을 두고 토론한 적이 있습니다. 최 교수님도 배움의 즐거움을 많이 말씀하셨어요. 그저 즐겁게 공부하는 사람을 유미주의자(딜레탕트)라고 하는데, 최 교수님은 자신의 관점을 갖고 이 세상 모든 문제를 다루고 계신 것 같습니다. 매우 행복해 보였어요. 최 교수님은 하버드 학생과 MIT 학생을 비교하며 설명했습니다. 그러고 보니 우리는 같은 보스턴에서 공부했네요. 최 교수님 말에 의하면 대다수 하버드 학생들은 다음 주에 해야 할 일을 일주일 전에 끝내는 반면, MIT 학생들은 처리방식이 제가끔이었다고 합니다. 아마 하버드는 문과가 강하니까 더 그랬을 겁니다. 이렇게 미리 준비해놓는 것이 공부에 여유를 준다는 점에서 매우 중요한 팁이라고 생각했습니다. 배운다는 말은 우리말에 '밴다'는 말과도 연결되는데요. 아이를 잉태하는 것도 밴다고 하죠. 그리고 물감이 천에 배는 것도 밴다고 하죠. 그래서 생각이나 지식이 스며들어 마침내 잉태하여 자라는 그런 과정을 배움이라고 하나 봅니다. 이 선생은 『탁월함을 이르는 노트의 비밀』이란 책에서 수많은 독학자를 설명했는데 여기서 한번 조금 말해줘요.

 네, 그냥 여러 분을 말씀드렸어요. 주로 학교 교육을 못 받은 사람들이고, 그들이 어떻게 공부했는지를 말했습니다. 미국을 만든 벤저민 프랭클린이나 토머스 제퍼슨 같은 사람들은 거

## 독학자들

### 벤저민 프랭클린(1706~1790)

라틴어학교 1년이 학력의 전부, 스스로 독학하여 출판인이 되었음. 20
세에 창업, 40세에 은퇴, 노트광, 영국 하원의원, 미국 독립선언서 작성
멤버.

### 토마스 제퍼슨(1743~1826)

윌리엄 메리 대학을 졸업했으나 15세부터 자신의 모든 사상을 스스로
구축하는 독학을 즐겼다. 작은 수첩을 들고 다니고 저녁이 되면 큰 종이
에 이를 옮겨 적었다. 미국 3대 대통령, 미국 독립선언서 작성.

### 에이브러햄 링컨(1809~1865)

미국의 제16대 대통령(재임 1861~1865).

15세에 처음 알파벳을 배우고, 독학으로 변호사가 되었으며, 미국 대통
령으로 남북전쟁을 승리로 이끌어 노예제도 개혁에 기여했다.

의 독학으로 자신의 위치를 만들어냈습니다. 에이브러햄 링컨도 알파벳을 배우고 책을 읽기 시작한 것이 열다섯 살부터이니 우리나라로 하면 고등학교 1학년 때 처음으로 글을 읽은 셈입니다. 그리고 늘예로 드는 마이클 패러데이도 빼놓을 수 없습니다. 초등학교도 못 다니고 가까스로 더하기 빼기 곱하기 나누기를 했던 사람이 험프리 데이비 교수의 조수가 되고 마침내 왕립학회의 빛나는 학자가 되는 과정을 오직 독학으로 이루었거든요. 저는 이들 모두가 독특한 자기만의 노트 쓰기를 하고 있다는 점에 주목했습니다. 노트는 독학의 필수품이라고 저는 개인적으로 생각합니다.

 그렇군요. 독학은 아무리 어려운 환경에서도 스스로 할 수 있는 가장 강력한 자기계발의 비법입니다. 언제든 그만둘 수 있다는 것이 장점이기도 하고 단점이기도 하죠. 종종 굳은 결심을 요구하기도 합니다. 독학으로 위대한 경지에 오른 사람들을 보면 결핍이 오히려 힘이 되어준 것 같아요. 학교를 못 갔다거나 하는 상황들 말입니다. 언제인가 들어보니 레오나르도 다 빈치(Leonardo di ser Piero da Vinci, 1452~1519)도 그런 사람이었던 같습니다. 그는 부친과 하녀 사이에서 태어난 아이였는데, 그 이유 때문인지 부친은 레오나르도에게 교육의 혜택을 주지 않았어요. 대신 공방으로 보냈습니다. 레오나르도는 자기 이력서의 학력을 쓰는 칸에 종종 "경험의 학교를 졸업했다"고 썼다고 합니다. 그야말로 독학의 왕이죠. 그를 인류 역사상 가장 창의적인 인물로 인정하는 데 주저하는 사람은 아무도 없잖아요? 그가 무학력에 부친에게 버림받은 아이라는 사실은 너무나 가슴 아픈 팩트이지만 거기에 굴복하지 않고 자신의 약점과 결핍을 찬란하게 승화했습니다. 그의 인생도 나쁘지 않습니다. 그의 작품들은 여전히 많은 사람의 사랑을 받고 있지요. 루브르 박물관 투어의 정점도 그가 그린 「모나리자의 미소」를 보는 데 있잖습니까, 하하.

그렇다고 일부러 결핍을 만들 수는 없지요. 하지만 우리 모두 한두 가지 결핍을 갖고 있습니다. 저는 모든 것을 잘하는 사람보다는 어떤 것은 몹시 잘하고 어떤 것은 전혀 할 줄 모르는 들쭉날쭉한 이들을 좋아합니다. 이런 사람들은 학점도 좋지 않고, 이런저런 자격을 못 갖추어 인생에서 낙오자처럼 보이는 경우가 많습니다. 하지만 이런 사람들에게 거는 기대가 제겐 더 큽니다. 교육은 오히려 이런 사람들을 받아들이고, 그들의 장점을 더욱 발전시켜주는 방향으로 나가야 합니다. 그런 면에서 들쭉날쭉이들은 혼자 공부하기가 제격입니다. 하고 싶은 것만 하는 거죠. 그러다 보면 어느 순간 어딘가에 가 있게 마련이에요.

맞아요. 그저 조직의 일원으로 사용할 인재는 이것저것 다 잘하는 사람이면 좋지요. 그러나 뭔가 특색 있는 인재들은 좀 다릅니다. 그들은 원석 같은 존재라서 그대로 두면 아무런 빛을 내지 못합니다. 그러나 노련한 보석세공사는 원석을 갈아 찬란한 빛을 뽑아냅니다. 저는 PSC 교육이 바로 그것이라고 생각해요. 약간 부족해 보이는 사람들에게 더 제격입니다. 사실 그 부족함이란 것은 그가 무시당하여 더 큰 장점을 보이지 않게 하는 원석에 묻은 흙 같은 거예요. 그래서 사람을 볼 줄 아는 안목이 가장 중요하다고 말하는 겁니다. 종종 자신이 그런 원석임을 모르는 사람들이 많거든요. 그런 사람들의 진가를 알아보고 그들에게 힘을 주는 것이 바로 교육의 시작입니다. 저는 교육자의 첫 번째 자질은 학생의 영혼을 사랑하는 것이라고 봐요.

선생님 여기서도 한번 자기주도학습에 꼭 필요한 덕목을 하나하나 요약해서 정리해주시면 감사하겠습니다.

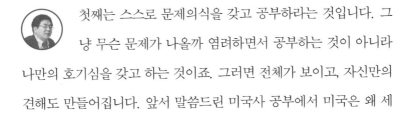첫째는 스스로 문제의식을 갖고 공부하라는 것입니다. 그냥 무슨 문제가 나올까 염려하면서 공부하는 것이 아니라 나만의 호기심을 갖고 하는 것이죠. 그러면 전체가 보이고, 자신만의 견해도 만들어집니다. 앞서 말씀드린 미국사 공부에서 미국은 왜 세

계 최고의 강대국이 되었나 하는 그런 식의 문제의식을 하나 품고 공부하는 것입니다.

다음은 무엇일까요?

뭐니 뭐니 해도 즐겨라, 라는 것입니다. 자기학습의 좋은 점은 하다가 싫으면 그만두면 되는 것이고, 남과 비교하여 이기려고 할 필요가 없다는 거예요. 즐거운 만큼만 공부하면 됩니다. 부족한 것은 더 아는 사람과 협업하면 됩니다. 그래서 협업이 중요한 것이죠. 자격증을 따기 위해서 혹은 시험에 합격하기 위해서 하는 공부도 즐겁게 할 수 있지만, 아무런 보상이 없는 나 스스로의 만족을 위해 하는 공부는 즐거움이 없다면 절대 가능하지 않습니다.

네, 선생님 참 좋은 말씀입니다. 요즘 아인슈타인에 푹 빠지셨다는 말씀을 들었습니다. 관련하여 얻은 영감은 무엇인가요?

가만 보니, 아인슈타인의 기적의 해 1905년은 그의 나이 26세일 때인데요. 이때 그는 세상을 뒤흔든 논문을 발표합니다. 하나는 그에게 노벨상을 안겨준 광전효과(photoelectric effect),

하나는 그를 세기적 천재로 등극시킨 상대성 이론(theory of relativity), 그리고 브라운 운동(Brownian motion)에 관한 것이죠. 그러나 이 논문이 나오기까지 아인슈타인은 특허청에서 하급직으로 일하고 있었습니다. 이 논문은 그가 스스로 학습하여 얻어낸 것들입니다. 스스로 학습은 이렇게 위대합니다. 그는 분명 이 문제들을 사랑했고 즐겼을 겁니다. 그러고는 마침내 세상의 생각을 뒤바꾸는 결과를 냈던 거죠.

## 세상을 뒤흔든 아인슈타인의 논문

**광전효과**: 금속 등의 물질이 한계 진동수(문턱 진동수)보다 큰 진동수를 가진 (따라서 높은 에너지를 가진) 전자기파를 흡수했을 때 전자를 내보내는 현상이다. 이때 방출되는 전자를 광전자라 하는데, 보통 전자와 성질이 다르지는 않지만 빛에 의해 방출되는 전자이기 때문에 붙여진 이름이다. 알베르트 아인슈타인이 이 현상을 빛의 입자성을 가정함으로써 설명하였으며, 그 공로로 1921년에 노벨 물리학상을 수상했다. 주로 빛의 성질에 관한 논란 중 입자설에 대한 증거로 거론된다.

**상대성 이론**: 알베르트 아인슈타인, 헨드릭 로런츠 등의 여러 물리학자들과 앙리 푸앵카레, 헤르만 민코프스키, 다비트 힐베르트, 마르셀 그로스만 등 여러 수학자들에 의해 완성된 이론으로, 시간과 공간에 대한 물리 이론이다. 특수 상대성 이론과 일반 상대성 이론으로 나뉜다. 상대성 이론에 따르면, 서로 다른 상대 속도로 움직이는 관측자들은 같은 사건에 대해 서로 다른 시간과 공간에서 일어난 것으로 측정하며, 그 대신 물리 법칙의 내용은 관측자 모두에 대해 서로 동일하다. 상대성 이론은 단순한 자연 법칙이 아니고 일종의 사고 체계라고 할 수 있다. 상대성 이론은 인식에 대한 대변혁을 일으킨 것이다. 추상적 수학 개념과 세밀한 관측이 자연을 이해하는 열쇠가 된다고 알려준 갈릴레오 갈릴레이와 아이작 뉴턴이 해결하지 못했던, 측정의 대상이 되는 물체와 측정의 기

준이 되는 기준 좌표계의 관계를 이해하기 위한 고민에서 상대성 이론이 시작되었다고 할 수 있다. 아인슈타인은 상대성 이론에 대해 다음과 같이 언급한 바 있다. "상대성 이론은 돌파구가 있을 것 같지 않은 심각하고 깊은 옛 이론의 모순을 해결하기 위해 생겨났다. 이 새로운 이론은 일관성과 간결함을 유지하면서 옛 이론의 모순을 강력히 해결한다."

**브라운 운동:** 1827년 스코틀랜드 식물학자 로버트 브라운(Robert Brown)이 발견한, 액체나 기체 속에서 미소입자들이 불규칙하게 운동하는 현상이다. 브라운 운동에 의한 물체의 움직임을 표류(漂流)라고 한다. 정지 상태에 있는 액체나 기체 안에서 움직이는 미소 입자 또는 미소 물체의 빠르고 혼돈적인 운동으로, 유체 분자와 미소 입자가 충돌하는 비율 변동의 결과로 나타난다.

네, 아인슈타인은 정말 독학의 천재인 것 같습니다. 그의 대학 스승은 취리히 공대의 헤르만 민코브스키(Hermann Minkowski, 1864~1909)로 4차원 수학을 하긴 했는데, 물리와는 연결을 시키지 못했어요. 그러나 아인슈타인은 이를 해내지 않았습니까? 전문가 스승과 독학자 제자는 사실상 서로 전통적이고 통념적인 스승과 제자의 교육 관계는 아니었던 것 같습니다. 독학엔 정말이지 엄청난 힘이 있나 봅니다. 하지만 반드시 지속력이 있어야 할 것 같아요. 그래야 그 독학의 흔적들이 쌓여서 마침내 큰 그림을 만들겠지요? 물론 이 지속력이야말로 자기학습에서 가장 어려운 부분이죠. 이게 제대로 유지되면 성공으로 진입하는 관문을 수월하게 통과할 수 있을 겁니다.

 맞아요, 지속력. 좋은 지적입니다. 즐거움이야말로 지속력의 양분이에요. 그러나 공부를 하다 보면 예기치 못한 난관이 닥치게 마련입니다. 즐겁기는커녕 모든 걸 포기하고 싶어집니다. 이럴 때엔 정말 근성을 갖고 끈기로 버텨야 해요. 이 선생께서 쓴 『탁월함에 이르는 노트의 비밀』을 읽었는데, 꾸준하게 노트를 하는 것이 지속력을 유지하는 데 큰 도움이 될 것이라고 생각했습니다. 그 지속력이 평범한 사람들을 비범한 사람으로 키운 것 같아요.

감사합니다. 저의 졸저를 다 읽어주셨군요. 저도 그런 문제의식을 가지고 사람들과 노트를 연관 지어 생각하다 보니 그 책을 쓰게 되었습니다. 장순흥의 PSC 교육의 두 번째 핵심 '자기학습'은 문제를 해결하는 데 필요한 지식을 흡수하는 과정으로 즐겁게, 지속적으로 그리고 정보기술의 도움 속에 해나가면 문제도 풀리게 되고 인생도 풍요로워지는 것이라는 생각이 들었습니다.

**❝**

저는 모든 것을 잘하는 사람보다는

어떤 것은 몹시 잘하고 어떤 것은 전혀 할 줄 모르는

들쭉날쭉한 이들을 좋아합니다.

교육은 이런 사람들을 받아들이고,

그들의 장점을 더욱 발전시켜주는

방향으로 나가야 합니다.

**❞**

# Collaboration

# 남과 협업하여
# 창조하기

이재영　　장순흥

손흥민 선수를 보세요. 손 선수는 협력을 아주 많이 받는 사람이에요. 득점왕이 되려면 동료 선수들이 도와주는 멋진 팀플레이에 기대 가야 합니다. 동료들이 "우리가 골라인으로 볼을 몰기 시작하면 너는 터치라인에 있다 빠져나오면서 내 신호를 기다려" 하는 식으로 말이죠. 물론 협력에도 비밀이 하나 있습니다. 뭐냐고요? 실은 협력을 잘하려면 인성이 좋아야 합니다.

장순홍의 교육, 이제 세 번째 항목인 'C' 협업입니다. 선생님께서는 협업을 무척이나 강조하시는데요. 혼자 공부하기와 협업하기는 상충되는 개념 같아 보입니다.

스스로 공부한다고 해서 꼭 뭐 혼자서만 공부하라는 건 아닙니다. 옆 사람한테 물어볼 수도 있잖아요. 그러니까 공부하겠다는 의지만 있으면 얼마든지 공부할 수 있습니다. 특히 요즘 환경은 혼자 공부하는 데 더 유리하죠. 정보도 툴도 차고 넘치는 세상이니까요. 사실 스스로 책을 많이 읽고 공부하는 건 그리 어려운 일이 아닌 것 같아요. 아까 말한 대로 루틴을 잘 잡고, 좋은 주제나 관점을 가지면 됩니다. 그리고 나서 수업 시간이나 다양한 만남의 기회를 활용해서 평소에 많은 사람과 대화를 하는 거예요. 이렇게 질문하고 대화를 자꾸 하다 보면 자연스럽게 실력이 늘게 되어 있습니다. 이번에 필즈상을 받은 허준이 박사가 한 말 중에 인상적인 게 있습니다. 그는 자신이 "생각의 잔을 나누는 것을 즐깁니다"라고 했잖아요. 나는 그 말이 참 좋더라고요. 그러니까 수업 시간은 자기가 공부한 내용을 동료와 교사와 함께 나누는 시간이 되는 것입니다. 다시 말해 생각과 문제를 나누는 겁니다. 그저 나누는 것. 마치 종교인들이 성찬식을 하면서 신의 살과 피를 나누는 것과 같은 그런 의식이 되겠지요.

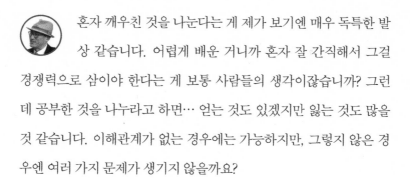 혼자 깨우친 것을 나눈다는 게 제가 보기엔 매우 독특한 발상 같습니다. 어렵게 배운 거니까 혼자 잘 간직해서 그걸 경쟁력으로 삼아야 한다는 게 보통 사람들의 생각이잖습니까? 그런데 공부한 것을 나누라고 하면… 얻는 것도 있겠지만 잃는 것도 많을 것 같습니다. 이해관계가 없는 경우에는 가능하지만, 그렇지 않은 경우엔 여러 가지 문제가 생기지 않을까요?

물론 그럴 수 있습니다. 그런데 한번 봐요. 세상에서 성공하고 남다른 성취를 이룬 사람들 중에는 공부를 잘하지 못한 사람이 참 많습니다. 그런 사람들의 특징을 살펴보면 대부분 협력을 잘한 사람들이에요. 공부를 잘하는 사람일수록 지식을 감추고자 하는 경향이 있습니다. 그러나 지식이 빈약한 사람은 오히려 자기 지식이 아니라 남의 지식을 활용합니다. 우리의 교육에서는 이것이 안 돼요. 왜냐하면 서로 경쟁을 시키기 때문입니다. 학생들을 평가하고 줄을 세우려면 차이를 봐야 하는데, 이들이 서로 의논하고 협의해서 다 같이 성취를 이루게 되면 평가의 근거가 없어지잖아요. 그래서 저는 평가 자체, 그리고 평가의 방식도 달라져야 한다고 생각합니다. 얼마나 아느냐보다 자기가 아는 것을 얼마나 잘 나누어주었으냐, 얼마나 남과 협업을 잘하느냐에 따라 말입니다.

협업이 가능한 교육에 도달하려면 우리는 아직도 먼 길을 가야 할 것 같습니다. 우리 교육은 마음껏 달려나갈 수 있는 어퍼마운틴(upper mountain)의 고원에 도달하기 전인 등산로에 있기 때문입니다. 조금이라도 높이, 다른 사람보다 더 높이 서야만 제대로 평가받는 그런 안타까운 상황이니까요.

협력을 통해 성공하는 것을 가르쳐야 합니다. 인생은 클로즈드북 시험이 아니잖아요. 인생은 모두 오픈북 시험이에요. 인생도 오픈북, 사업도 오픈북이죠. 그런데 교육에서만 클로즈드북 시험을 기준으로 삼습니다. 왜 그럴까요? 학생이 기준이 아니라 평가하는 사람의 편리성을 더 고려하기 때문입니다. 그래서 클로즈드북 시험을 치르는 거예요. 선생님이 편하려고요. 이러면 안 됩니다. 사람은 누구나 온전하지 않아요. 어느 순간 어느 지점에서 누군가의 도움을 필요로 합니다. 그게 사람이에요. 그러니 우리 모두 자기 혼자만의 힘이 아니라 남의 힘을 기꺼이 동원할 줄 알아야 합니다. 그런데 학교는 어떻습니까? 오직 혼자만 모든 일을 해야 하는 것처럼 가르칩니다. 이렇게 길들여진 학생들은 막상 사회에 나오면 혼자 할 수 있는 게 거의 없다는 걸 깨닫고 절망합니다. 우리 교육의 진짜 문제는 남과 협력하면 안 되는 것으로, 문제는 오직 혼자만 해결해야 하는 것으로 배워 나오는 것입니다. 그게 바로 진짜 문제입니다.

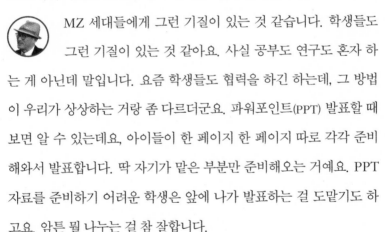

　　　　MZ 세대들에게 그런 기질이 있는 것 같습니다. 학생들도 그런 기질이 있는 것 같아요. 사실 공부도 연구도 혼자 하는 게 아닌데 말입니다. 요즘 학생들도 협력을 하긴 하는데, 그 방법이 우리가 상상하는 거랑 좀 다르더군요. 파워포인트(PPT) 발표할 때 보면 알 수 있는데요, 아이들이 한 페이지 한 페이지 따로 각각 준비해와서 발표합니다. 딱 자기가 맡은 부분만 준비해오는 거예요. PPT 자료를 준비하기 어려운 학생은 앞에 나가 발표하는 걸 도맡기도 하고요. 암튼 뭘 나누는 걸 참 잘합니다.


　　　　그게 바로 모자이크 협력의 예입니다. 그런데 이 모자이크 협력이라는 건 진짜 협력이 아니라 협력의 모양만 남아 있는 것입니다. 네, 무늬만 협력인 거죠. 이래서는 안 됩니다. 진짜 협력은 모든 지식을 쏟아부어 완전히 녹은 상태, 즉 멜팅팟(melting pot)에서 나옵니다. 생각해보세요. 연구물이든 창의적인 작품이든 조각조각 모아서 붙이는 것으로는 시너지가 잘 나지 않습니다. 멜팅팟으로 한 다음 나중에 평가할 때 자기 거 빼놓고 나머지 학생들이 평가하게 하거나 교수가 평가하기보다는 아이들이 상호평가하게 하는 것도 좋은 방법입니다. 그런데 이때 아주 중요한 포인트가 있습니다. 서로의 관계가 정직해야 한다는 겁니다. 그러려면 뭐가 필요한가요? 네, 인성이 중요하게 작용합니다. 제가 늘 인성 교육을 강화하자고 주장하는 배경입니다. 그래서 장순흥 교육에서는 인성 교육이 필수적이에요. 건강한 인성은 협력의 기본이 되기 때문입니다. 그리고 이를 바탕으로 상호 발전을 위한 격려와 조언이 가능해지기 때문입니다.

## 멜팅팟

멜팅팟 이론은 흔히 용광로 이론라고도 부른다. 원래는 다양한 문화를 가진 사람들이 섞여 하나의 동질한 문화를 만들어가는 것을 의미했다. 역사적으로는 주로 미국의 경우에 많이 사용되었는데, 이는 미국이 다양한 이주민들이 모여 공통의 문화를 만들어간 현상을 설명하기 위한 것이었다. 그런데 문화의 영역이 아닌 교육의 영역에서는 멜팅팟 이론이 조금 다르게 쓰인다. 1780년대에 처음으로 쓰인 것처럼 서로 다른 것들을 녹여 단일한 무언가를 만들어낸다는 의미가 더 강하다.

네, 협력은 평가의 공정함을 요청하지만, 한편으로는 일하면서 혹시 생길지도 모르는 이익에 대한 공정한 분배 역시 중요하지 않을까요?

 그렇죠. 상호 평가를 한다는 건 사실 내가 얼마큼 도움을 받았느냐, 얼마큼 도움을 주었는가로 평가하는 겁니다. 이게 앞으로 매우 중요한 평가 요소가 될 거예요. 가장 훌륭한 학생은 도움을 많이 받고 도움을 많이 준 사람이 될 겁니다. '나 혼자 다 했다'라고 자랑하는 학생은 평가에서 더는 좋은 점수를 받을 수 없게 됩니다.

 그렇죠. "누가 없었으면 이 프로젝트 성사되지 못했다" "뭐가 없었으면 절대 안 됐다" 뭐, 이렇게 이야기할 수 있는 게 진짜 실력이잖아요? 누가 없었으면 안 돼, 하는 것과 나 혼자 다 했다, 하는 것은 완전 다른 차원입니다.

 손흥민 선수를 보세요. 손 선수는 협력을 아주 많이 받는 사람이에요. 득점왕이 되려면 동료 선수들이 도와주는 멋진 팀플레이에 기대 가야 합니다. 동료들이 "우리가 골라인으로 볼을 몰기 시작하면 너는 터치라인에 있다 빠져나오면서 내 신호를 기다려" 하는 식으로 말이죠. 물론 협력에도 비밀이 하나 있습니다. 뭐냐고요? 실은 협력을 잘하려면 인성이 좋아야 합니다. 평상시에 신뢰를 주는 사람이어야 하죠. 그런데 이게 또 순환 구조입니다. 신뢰를 얻으려면 정직해야 하고, 인성이 좋아야 합니다. 협력은 주고받는 것이기 때문이에요. 또 하나 중요한 포인트가 있습니다. 절대 누군가로부터 도움받는 것을 창피하게 여기면 안 된다는 겁니다. 인생은 어차피 누군가의 협력을 받으며 사는 거예요. 독불장군은 존재하지 않아요. 어른들 말씀이 옳습니다. 그런데 우리 주변을 보면 조금 교만해서 협력을 잘 못 받는 사람도 있어요. 그런 이들은 마치 누군가의 도움을 받으면 뭐 크게 잘못되기라도 하는 것처럼 생각하는데요. 옳지 못한 생각입니다. 도움을 받는 게 꼭 부족하기 때문은 아니잖아요? 100가지 중 0.5만 부족해도 협력을 청할 수 있어요. 어떻습니까? 나는 이미 99.5를 가지고 있어요, 하지만 그 0.5가 없으면 100이 되지 않습니다. 이럴 때 "아, 내가 그 0.5가 부족하구나. 누군가의 도움을 받아야겠다"라고 생각하면 아무 문제가 없습니다.

 아까 이스라엘 역사 이야기를 하셨는데, 교육과는 관계가 없는 이야기 같기도 하지만, 저는 가끔 종교적 배타성이 우리의 협력을 방해하는 게 아닐까 생각합니다. 종교적 가치는 세상 사람들을 불쌍히 여겨 자비를 베풀거나, 신의 사랑을 이웃에게 나누는 형태인데, 종교마다 주장하는 엄격한 계율로 인해 이웃과 함께할 수 없는 상황을 자꾸 만들어내서 협력을 포기하게끔 만들기도 합니다.

 유대인들은 이방 민족이 섬기는 신에게 경배하지 않기 위해 이들과 다름을 드러내주는 거룩함을 추구했습니다. 그러다 보니 다윗 왕이나 솔로몬 왕의 경우 가장 위대한 왕국의 힘을 가질 수 있었지만, 한편으로 왕국을 확장하여 영토를 넓혀가는 일은 등한시했습니다. 그러나 이후의 이스라엘 역사를 보세요. 아시리아의 침략, 바벨론의 침략, 페르시아의 침략 그리고 이후에 로마의 침략에 이르기까지 긴 세월 동안 피정복자로서의 세월을 보냈잖습니까? 반면 명멸한 제국들은 제국주의의 모습을 보여주었는데, 그중에 특히 페르시아가 원형을 보여준 것 같습니다. 이들은 피정복자들에게 각기 자기 나라의 고유 문화와 종교를 누릴 수 있도록 허용했습니다. 대신 세금만 잘내고 반항하지 말라고 해요. 이런 식의 상호 공존 전략은 평화적 협력을 유발하는 데 도움이 됩니다. 물론 종교의 차이에서 오는 협력의 어려움이 오늘날에도 여전히 존재하는 건 사실입니다. 세계 시민으로 가는 길은 이렇게 요원합니다.

 이제 우리의 교육 이야기로 다시 돌아가죠. 협력하는 자세가 문제를 찾는 일에도 순환적인 도움을 줄 것 같습니다.

그러면 협력도 즐길 만한 일이 되겠지요.

그래요. 협력을 즐겨야 인간관계도 좋아지고, 인성도 좋아지고, 문제를 즐기게 됩니다. 내 문제를 누군가 도와줄 수 있다는 것, 그리고 나도 남의 문제를 도와줄 수 있음을 인지하는 것만으로도 문제는 괴로운 것이 아니게 됩니다. 문제가 있으면 곧 협력이 시작될 테니까요. 남을 돕다 보면 실력이 늘게 마련입니다. 제가 교수로만 있었을 때는 문제가 한정되어 있는 데다가 대개 제가 잘하는 것들이어서 실력이 크게 는다는 느낌을 잘 못 받았습니다. 그런데 카이스트에서 부총장직을 수행하고 또 한동대학교에서 총장직을 하고 나서 문제를 풀어가는 능력이 일취월장했다는 걸 경험했어요. 왜냐고요? 그 자리가 어찌 보면 남의 문제를 매일 매일 해결해야 하는 자리잖아요. 이게 바로 협력이거든요. 실력이 많이 늘고 보니 자연스레 문제를 즐기게 되었습니다. "문제를 즐기자." 여기서 포인트는 문제를 잘 해결하는 능력이 확인되면 공부의 즐거움이 커진다는 바로 그것입니다.

네, 그런 것 같습니다. 폐쇄되면 문제도 한정되고 남과의 관계도 줄어들죠. 그 대신 고립된 세계의 문제와 대결하는 시시포스적인 삶을 살게 되는 것 같습니다. 문제를 놓고 협업하는 가운데 우리의 닫힌 세계는 열리게 되고 그 열린 공간에서 저절로 소멸

되는 문제도 있고, 더 멋진 해답을 찾는 등 다양한 경험을 하게 되는데요. 그런 것들이 바로 세상을 바꿀 수 있는 힘입니다.

 그래요, 협력을 즐기자. 거꾸로 말해보자고요. 협력을 즐기면 공동의 문제가 나오고 그 문제를 풀려고 하다 보면 공부가 됩니다. 실력이 붙는 거죠. 어찌 보면 닭이 먼저냐 달걀이 먼저냐 하는 질문과 같습니다. 문제를 못 찾은 사람은 일단 협력부터 해라, 그러다 보면 문제가 보인다. 이런 식입니다. 문제, 공부, 협력. 이세 가지는 완전한 순환 구조를 갖고 있습니다. 연결성이 매우 강력합니다. 그러니 우리가 깊이 생각해야 할 점은 바로 이런 것들이에요. 어떻게 하면 문제 발견 및 해결 교육을 잘할 수 있을까, 하는 거요. 그 다음으로는 어떻게 하면 공부를 더 스스로 잘하게 할 수 있을까, 그리고 마지막으로 어떻게 하면 협력을 더 잘할 수 있을까, 하는 것 말입니다.

 어떻게 하면 개개의 학습자들이 협력을 잘하게 이끌 수 있을까요?

 저는 팀 프로젝트 수업을 많이 해야 한다고 봅니다. 팀 프로젝트가 잘 되려면 서로 서로가 팀원들에게 잘 보여야겠다고 생각할 겁니다. 인상을 좋게 하는 거죠. 그러면서 와중에 남을 나보다 더 높이 평가하는 훈련을 은연중 하는 겁니다. 남의 얘기를 경청하는 훈련도 그중 하나입니다. 살다 보면 많은 사람이 자기 이야기만 한다는 걸 알게 됩니다. 남의 이야기를 잘 안 들어요. 그런데 이 경청하는 자세는 무엇보다 인성과 아주 밀접하게 연결되어 있습니다. 겸손함과 배려, 존중하는 마음이 없다면 경청은 불가능하잖아요. 따라서 저는 평가시스템만 과감히 고쳐도 팀원들 사이의 관계가 엄청나게 좋아질 거라고 확신합니다. 이것을 실험하고 실증해야 합니다.

 협력은 문제를 발견하고 푸는 데서만 중요한 게 아니라 그 이상인 것 같습니다. 우리 인간들 역시 모여 살고 또 모여서 행복이나 불행을 나누잖아요.

그럼요. 그런데 우리는 종종 협력이 인생을 행복하게 해준다는 사실을 잊어버리는 것 같습니다. 더욱이 요즘 우리나라 사람들의 경우 협력을 조금 우습게 보는 것 같기도 하고요. 쉬운 예로 TV 프로그램을 한번 떠올려보세요. 혼자 하는 일들이 엄청 많잖아요? 혼자 먹고 혼자 살고 혼자 꾸미고 등등…. 화면상으로 볼 때엔 엄청 행복하고 자유로운 것 같지만, 실은 먹는 것도 부실하고 내심 가족을 그리워한다는 걸 알 수 있잖습니까? 우리는 오랜 경험상 함께

하면 기쁨은 커지고 슬픔과 걱정은 줄어든다는 걸 알고 있어요. 그런데 혼자가 아니라 '우리'이고 더 나아가 '시스템'이라고 상상해보세요. 얼마나 위로가 되고 마음이 안정되나요? 힘이 생기고 스트레스는 줄어듭니다.

 협력은 스케일을 키우는 데 필수적인 요소 같습니다. 혼자 할 수 있는 일조차 협력하면 훨씬 수월해지는데 규모가 큰 작업이라면 두말할 나위가 없죠. 현실에서도 확인이 가능합니다. 처음엔 아주 작은 규모로 만들어진 교육 모임도 규모가 커지면 다양한 규칙도 생기고 그러잖아요? 물론 성적과 연구 능력이 매칭되지 않은 일도 비일비재합니다. 연구는 특히 협력이 많이 필요한 작업이거든요. 저는 학점이 좋은 편이었지만 솔직히 학점이 좋은 것은 성실하다는 것 외에는 별로 큰 장점을 보여주는 것 같지 않습니다. 성실하다고 해서 문제해결 능력이 뛰어나다고 볼 수는 없거든요. 이 둘은 전혀 다른 문제인 것 같아요. 물론 성실하다는 건 노력한다는 점에서 성취 가능성을 높이는 데 일조할 수는 있습니다. 그러나 성실성이 빛을 보는 경우란 대개 답이 정해져 있고 짧은 시간 안에 뭔가를 풀어야 하는 시험 같은 것입니다. 이런 부분은 어떻게 보세요?

제가 한동대 총장 시절에 한동대학교 바로 옆에서 재미난 경험을 했어요. 최근 약 10여 년간 눈에 띄게 관심을 집중시킨 회사가 하나 있습니다. 바로 '에코프로'입니다. 작년에 상장을 해서 엄청난 관심을 얻은 배터리 소재 생산과 리싸이클링 관련한 회사, 에코프로의 멘토 이재훈 원장이 에코프로를 만들 때부터 이동채 회장을 코칭했는데 이 두 사람은 고등학교, 대학교 친구라고 합니다. 두 사람 다 Y대학교에서 행정·회계·경영을 공부했어요. 배터리 기술에는 당연히 비전문가이니 기술 분야는 협력을 구하지 않을 수 없었습니다. 이 회사가 지금 매출 15조에 육박할 수 있게 된 것은 오로지 협력의 힘 덕분입니다. 반면에 주변에 탁월한 연구자들 중에는 기술 창업을 하고서 독불장군처럼 혼자 나가다가 실패하는 사람들이 있습니다. 본인들이 워낙 뛰어나니 협업을 등한시한 결과인데요. 에코프로가 이렇게 빠른 성장을 해나갈 수 있었던 비결은 협업에 있습니다. 인재를 과감하게 영입하고 기술도 협업으로 풀어나가는 가운데 급격히 팽창한 겁니다. 우리는 항상 성장하기를 고대합니다. 그런데 성장은 저절로 이뤄지는 게 아닙니다. 제대로 성장하려면 인재가 늘어야 하고 자본도 더 투자되어야 합니다. 결국 숫자의 제곱으로 복잡성이 커지는 것인데요. 그 복잡성을 시너지로 만들어내는 것이 바로 협업의 예술입니다.

앞으로는 인공지능과의 협업도 매우 중요한 능력이 될 것 같습니다.

 그렇죠. 이미 우리는 구글을 비롯한 검색엔진을 따로 떼어 놓고는 일하기 어려운 지경에 도달했습니다. 유튜브도 쉴 새 없이 관련 콘텐츠를 올려주어 생각이나 취향의 관성을 높여주고 있습니다. 이런 시대에 우리는 검색엔진의 인공지능과 어떻게 사이 좋게 살아야 할지 고민해야 합니다. 종종 나를 리셋하여 인공지능이 처음 대하는 사람처럼 만들 필요가 있어요. 그러지 않으면 인공지능이 파악한 나를 계속 유지하게 되거든요. 친구는 좋은 조언도 해주지만 이 무심한 인공지능은 '이 사람은 이런 것을 좋아해' 하면서 관련 키워드를 토대로 계속 정보만 퍼 날라줄 겁니다. 정말 어려운 상황이에요. 또한 우리의 일거수일투족이 빅데이터로 누군가에 보고되고 있을 수도 있습니다. 그런데 인공지능은 결국 빅데이터와 알고리즘의 결합체잖아요? 인공지능이 한계에 부딪히는 지점은 알고리즘이 아니고 빅데이터입니다. 빅데이터를 얻고자 해도 개인정보 보호법으로 묶이니까요. 이것을 돈 주고 사야 하는데 무료로 얻으려고 하니 문제가 생기는 것입니다. 인공지능과의 협업도 공정한 이익 분배가 관건입니다.

인공지능과의 협업을 걱정하는 미래학자들이 많습니다. 유발 하라리(Yuval Noah Harari, 1976~) 같은 사람은 인공지능엔 감정이 없는 관계로 사람들과 대할 때 함께 분노하거나 슬퍼하지 못하기에 사람들이 점점 인공지능과 대화하는 것을 더 편안해하고 좋아하게 되어 결국 실제 인간과의 만남을 꺼리게 되지 않을까, 걱정하기도 합니다. 사람과 이야기를 나누고 돌아서면 뒷골이 당기는 경우가 많은데 인공지능은 아주 쿨 하게 이야기를 들어주고 조언하고 그러니까 말입니다. 그런데 이런 미래는 암울해 보이지 않나요? 인공지능이 인간의 모든 빅데이터를 취한 다음에 인간을 하등하게 보면 어쩌나 하는 걱정도 생깁니다.

 충분히 가능한 이야기죠. 여기서 우리는 미래사회의 문제를 바라보게 됩니다. 요즘 이런 문제를 제기하는 철학자들을 종종 만나게 되는데요, 이들의 혜안은 정말 중요합니다. 이 문제를 가슴에 품고 이 문제를 풀어가는 사람들이 더 많이 나와야겠지요. 그러면 우리는 이런 문제에서 자유로워질 수 있을 것 같습니다. 인공지능과의 협업, 인조로봇과의 협업, 장기나 주요기관을 로봇으로 대체한 포스트 휴먼 등의 미래 역시 큰 걱정입니다. 미래를 상상하고 문제를 풀어내는 것은 그동안 우리 사회가 겪어온 인간 사이의 사회를 넘어서는 상황에 대한 대비가 될 것입니다. 미래는 늘 걱정과 불안으로 다가오지만 오히려 이런 문제에서 새로운 기회를 찾을 수도 있겠지요.

 장순흥 교육에서 협업은 팀 프로젝트라는 것을 대표로 해서 진행되는 것 같습니다. 그런데 역시 우리는 멘토와의 관계, 멘토와의 역할 같은 것을 생각하지 않을 수 없습니다. 학생과 교수, 멘티와 멘토와의 협업은 어떻게 해야 할까요?

매우 현실적인 문제네요. 이 부분은 이 선생께서 누구보다 깊이 고민하는 것 같습니다. 멘토는 그러니까 동양 무술의 고수 같은 존재가 되어야겠지요. 슬며시 다가가 자세를 살짝 교정해주는 정도로 일취월장하는 제자들을 키우는 그런 고수 말입니다. 터치는 간단하나 원 포인트 레슨으로 확 바뀌는 최소한의 개입과 확실한 변화를 도와주는 그런 멘토면 좋겠습니다. 앞으로 학교든 사회든 배우려고 하는 사람은 더욱 다양해지고 배움을 원하는 분야도 세분화하면서 이제까지 듣지도 보지도 못했던 수많은 문제가 등장할 것입니다. 그러나 어떤 문제든 그 문제를 풀어내는 방법을 먼저 이해하고 그러고 나서 시행하면 됩니다. 이 부분은 말로 정형화하기 어려운 내용이라서 멘토와 멘티 사이의 다이내믹을 빅데이터로 만들어 인공지능으로 개선하는 방식도 고려해봐야 할 것 같습니다.

타자와의 협업도 중요하지만 우리 영혼과 몸의 협업도 꽤 중요한 것 같습니다. 건강한 신체에 건강한 정신이 깃든다는 말이 그렇잖아요? 창의성의 모델 레오나르도 다빈치도 식생활이 매우 규칙적이고 정형화되었던 것으로 알고 있습니다. 장순흥 교육에서는 학생의 영육 간의 건강을 위해 어떤 프로그램을 준비하시는지요?

저는 건강과 영육 간의 협력을 평가하는 걸 가장 즐겁게 여깁니다. 질문에, 질문에, 질문… 그리고 문제, 문제의 흐름 그리고 답까지 가는… 그 흐름 자체를 즐기는 거죠. 공부를 즐겨야 하듯 문제를 즐겨야 합니다. 사람들은 '문제' 하면 골치 아파하면서 일단 피하려고 하는데요, 문제를 즐기면 이웃을 도울 수 있습니다. 예를 들어 "골치 아픈 문제 가져오지 말라"고 하면 어느 누가 상대해주겠어요? 그러나 문제를 즐기면 모두가 좋아합니다. 사람들이 좋아해주면 자신감도 오르고 행복감이 커지잖아요. 문제를 접하고 해결하는 과정에서 남의 아픔도 이해하게 되고요. 이럴 때 또 기도하고 사랑으로 인도하다 보면 영성은 저절로 높아집니다. 결과적으로 영혼이 맑은 사람이 됩니다. 그래서 저는 늘 이렇게 주장해요. "즐겁지 않으면 일단 쉬고 즐거워질 때까지 기다려라" 하고 말입니다. 그리고 잠시 시간을 내어 왜 즐거움을 잃었는지 살펴봐야 합니다. 상담도 하고요. 무엇보다 중요한 점은 멘토들이 문제 풀기만 사랑하지 말고 멘티의 영혼을 사랑해야 한다는 겁니다. 거의 목회 수준이 되어야 해요.

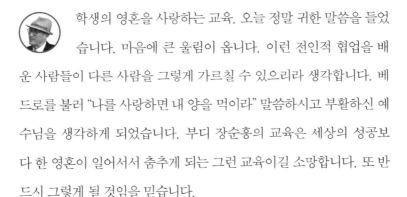 학생의 영혼을 사랑하는 교육. 오늘 정말 귀한 말씀을 들었습니다. 마음에 큰 울림이 옵니다. 이런 전인적 협업을 배운 사람들이 다른 사람을 그렇게 가르칠 수 있으리라 생각합니다. 베드로를 불러 "나를 사랑하면 내 양을 먹이라" 말씀하시고 부활하신 예수님을 생각하게 되었습니다. 부디 장순흥의 교육은 세상의 성공보다 한 영혼이 일어서서 춤추게 되는 그런 교육이길 소망합니다. 또 반드시 그렇게 될 것임을 믿습니다.

**"**

사람은 누구나 온전하지 않아요.

어느 순간 어느 지점에서

누군가의 도움을 필요로 합니다.

그게 사람이에요.

그러니 우리 모두 자기 혼자만의 힘이 아니라

남의 힘을 기꺼이 동원할 줄 알아야 합니다.

**"**

# PSC 플러스
# 인성교육

이재영    장순흥

그래요. 인성은 인성 그 자체로도 매우 중요합니다. 사회의

안정과 평화를 위해서 절대적으로 중요한 부분입니다.

그러나 인성 자체의 중요성을 넘어서 인성은 모든 종류의

협력에 반드시 들어가는 핵심 요소입니다. 이걸 간과해서

는 안 됩니다. 우리가 많은 성공한 사람을 살펴보면 본인도

훌륭하지만 그의 주변 사람들에게 좋은 협력적 인성이 있

었다는 것을 알게 됩니다. 한마디로 좋은 사람을 만나야 일

이 굴러가는 것입니다.

'사람 만들기'는 교육의 목표입니다. 문제를 잘 찾고 잘 풀고, 실력을 키우고 남과 협업하는 사람은 분명 이 시대 이 사회에 꼭 필요한 사람입니다. 그러나 교육에 임하는 학생들은 저마다 배경도 다르고 성장과정도 다르고 능력도 다릅니다. PSC 교육은 문제를 중심으로 하는데, 과연 저절로 인성의 변화가 생길까요?

인성교육은 너무나 중요하고 교육의 모든 순간에 고려되어야 하는 산소 같은 요소입니다. 한동대학교처럼 기독교 정신을 토대로 하여 인성교육을 잘 하는 경우도 있지만, 일반적인 학교에서도 인성교육은 매우 중요하다고 봅니다. 서구의 학제를 받아들인 우리의 입장에서 서구의 인성교육을 잘 살펴보는 것도 중요합니다.

오늘날 최고의 대학으로 여겨지는 많은 대학들이 처음에는 기독교적 이상을 갖고 시작했다는 점을 생각해보면 종교적 가치를 인성에 담는 교육은 이상하지 않습니다. 선생님께서 좋아하시는 기독교적 교육에서 특히 눈여겨보는 부분은 어떤 것인가요?

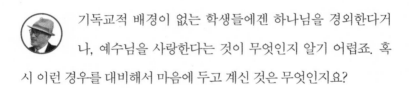

저는 개인적으로 초기 미국 학교의 인성교육에 사용되었던 짧은 경구를 좋아합니다. "선한 자녀들은 하나님을 종일 두려워하고, 예수님을 항상 사랑하며, 부모에게 순종합니다. 은밀히 기도하며, 거짓을 말하지 않고, 노는 것을 좋아하지 말고, 죄와 방황하지 말고, 지체하지 말고 선을 행해야 합니다(Good children must, Fear God all day, Love Christ always, Parents obey, In secret pray, No false thing say, Mind little play, By no sin stray, Make no delay, In doing good)."

기독교적 배경이 없는 학생들에겐 하나님을 경외한다거나, 예수님을 사랑한다는 것이 무엇인지 알기 어렵죠. 혹시 이런 경우를 대비해서 마음에 두고 계신 것은 무엇인지요?

우리에겐 정말 좋은 경구들이 많지요. 조상 대대로 이어내려온 것들 말입니다. 예를 들어 경천애인(敬天愛人)이죠. 우리에게는 하늘을 두려워하고 공경하는 문화가 있어요. 그리고 사람을 사랑하라는 것도 있고요. 이 짧은 경구는 기독교적 인성교육과 많이 일치합니다. 또 한 가지는 사람을 사랑하는 방법에서 홍익인간(弘益人間 널리 사람들을 이롭게 하라)이 있지요. 이 두 가지를 가슴에 품은 민족이기에 인성교육의 기초가 충분하다고 봅니다.

서구적인 학문 체계와 교육방법을 이야기하면서도 우리는 항상 동양문화 속에서 성장한 배경 때문인지 서구에서 생각하는 인성과 차이를 느끼곤 합니다. 어떤 인성이 더 훌륭하다는 비교의식을 떠나, 이 시대를 살아가면서 훌륭한 존재가 되는 것을 가르치는 것은 중요한 일인 것 같습니다. 사람들은 저마다 어떤 욕망이 있고, 욕망을 추구하는 과정에서 남에게 선한 영향을 끼치기도 하고 해를 끼치는 경우가 생깁니다. 욕망에 대해 어떻게 생각하시나요?

 저는 욕망뿐 아니라 믿음도 중요하다고 봅니다. 믿음과 욕망은 사회의 기초를 형성하지요. 한 사회나 공동체가 어떤 믿음과 욕망을 갖고 있는가로 그 성격이 드러난다고 봅니다. 우리 사회도 돌아보면 잘 살아보자는 욕망으로 가득 찬 시대에서 압축 성장으로 살아왔잖아요. 우리 시대의 믿음은 무엇이었을까요? 열심히 하면 하늘이 돕는다는 것이었겠지요. 개인도 마찬가지죠. 어떤 종교를 갖고 있든 신앙인들에겐 믿음의 대상과 체계가 있습니다. 그리고 욕망에 대해서도 어떤 종류의 태도가 있어요. 하지만 종교를 가져도 자기 확신을 갖지 못하고 사는 사람들도 많습니다. 믿음과 욕망은 누가 말한 것처럼 어떤 흐름입니다. 그것은 다양한 결과를 만들어내기도 하고, 그 흐름이 합쳐질 때 창조성이 등장하기도 하지요. 믿음과 욕망은 사람을 움직이고, 어디론가 가게 하는 원인이 됩니다.

"모방은 흐름의 파급이고, 대립은 흐름의 이항구조화, 발명은 흐름의 결합 혹은 연결접속이다."라고 말한 들뢰즈와 기타리가 떠오릅니다. 그들은 믿음과 욕망이 서로 대치되는 두 양상이고 이것은 양적으로 가늠되지만 감정은 질적인 것이고, 표상은 그것의 결과물이라고 한 것 같아요. 선생님은 교육에서의 믿음과 욕망을 어떻게 보십니까? 그리고 우리는 과연 이것을 계량하고 있는지요?

그렇게 깊은 이야기가 있군요. 저는 학생들이 모두 미래를 열어낼 존귀한 존재라는 믿음을 가져야 한다고 봐요. 그러고 나면 그 학생들이 문제를 잘 잡고 잘 풀고 스스로 공부하고 협력하여 나가는 것을 욕망합니다. 흔히 인재를 말하면서 '그릇이 큰 사람이다, 적은 사람이다' 이런 말을 하잖아요? 여기서 사람의 그릇을 계량하는 것인데, 앞에서 언급한 말대로 하자면 그 사람의 믿음과 욕망의 양이 얼마나 큰가를 말하는 것이지요. 선생님은 학생들의 그릇을 크게 만드는 역할을 하면 좋겠어요. 성적은 그런 면에서 보자면 표상 즉 흐름의 결과물이죠. 우리는 항상 결과에 지나치게 주목하는 문제를 갖고 있습니다.

사람됨이란 정말 중요한 것 같습니다. 결국 문제를 해결한 결과가 어떻게 쓰이는가도 그 문제해결에 참여한 사람이 어떤 사람인가에 좌우될 터이니 말입니다.

 그래요, 그래서 사람을 잘 생각해야 합니다. 휴먼(human)이란 것을 자꾸 생각해봐야죠. 우리는 사람의 형상을 따서 한자로 사람 '인(人)' 자를 씁니다. 사람 '인'은 두 다리를 갖고 서 있는 사람의 형상이죠. 이 사람이 두 팔을 활짝 펴면 대(大)라는 글자가 되는데요. 그릇이 큰 사람은 결국 팔을 활짝 펴고 남과 세상과 시대를 끌어안을 수 있는 사람이겠지요. 그릇이 작은 사람은 작을 소(小) 자를 써서 소인배라고 하잖아요. 작을 '소'는 아주 작은 먼지가 하늘에서 우수수 떨어지는 것을 형상화한 것이지만, 저는 종종 이것이 웅크리고 앉아 있는 사람의 모습 이라고 생각해요. 웅크리고 앉아 자기 자신만 생각하다 보면 그릇이 작아지겠지요.

사람 '인' 자를 가만 보면 기하학적으로는 세 길이 하나로 모이는 형상입니다. 과거 중세 스콜라 교육의 삼학인 트리비움을 연상시킵니다. 이것은 영, 혼, 육의 3요소를 상징하는 것 같기도 합니다. 영성과 지성 그리고 건강한 신체가 하나가 될 때 건강한 사람이 탄생하는 것이겠지요. 그런 면에서 인성은 이 세 요소가 조화를 이룬 상태를 만들어가는 것이 아닐까요?

그렇지요. 합리적 이성만을 강조하는 현대에 영성을 이야기하는 것은 이상해 보입니다. 하지만 우리 모두는 우리가 영적인 존재라는 것을 알아요. 그 설명하기 어려운 부분을 교육에 도입하는 것은 인성교육에 가장 도전적인 요소입니다. 영성은 신앙인에게는 신과의 대화나 관계에 중요하지만, 생활인에게는 이성을 뛰어넘는 탁월한 결과를 내는 창조력과 연관되어있지요.

우리나라는 이제 모방을 기반으로 한 패스트 팔로워(fast follower)에서 창조적 선두로 나가길 원합니다. 그리고 이를 위해 교육을 대폭 수정하고 있습니다. 이스라엘의 강력한 토론식 교육도 이야기하고 학생들의 자율학습을 강조하게 되었습니다. 선생님께서는 삶 속에서 어떤 종류의 영적 효과를 보고 계신지요.

저는 젊었을 때부터 일찍 일어나는 아침형 인간입니다. 포항에 있을 때는 해변에 많이 갔지요. 아침에 일어나서 기도하고 떠오르는 태양을 보러 가곤 했습니다. 거기서 산책을 하며 많은 생각을 했습니다. 한동대학교의 중요한 정책들은 모두 아침 해변 산책 중에 나왔습니다. 저는 가만히 멍 때리면서 있는 경우가 많아요. 이때도 저에게 생각지 않았던 생각이 떠오르곤 하지요. 이 선생도 그런 경험 많지요?

저도 늘 합리적 이성으로만 살지는 않습니다. 저는 새벽에 선생님처럼 못 일어나고요. 대신 새벽에 꿈을 많이 꿉니다. 그냥 견몽(개꿈)이라고 하지만, 언제부터인가 저는 꿈 일기를 쓰기 시작했어요. 저의 꿈에 자주 등장하는 장소들, 시츄에이션들, 전혀 생각에도 없던 어떤 이상한 풍경이나 대상물이 꿈에 나타나지요. 저는 주로 하늘을 날아다니는 꿈을 꿔요. 꿈속에서 저는 정말 다양한 비행술을 갖고 있답니다. 최근 나온 〈아바타〉라는 영화는 아주 친숙해요. 꿈속에서 보는 저의 모습이거든요. 종종 문제에 막혀 숨도 못 쉬다가 갑자기 문제가 확 풀리는 경험을 합니다. 이런 것이 영적 파워가 아닐까요? 누가 이런 것을 체계적으로 가르쳐주고 일으켜 세워주면 좋겠습니다.

 영성을 교육에 넣기는 정말 어렵지요. 종교적인 요소가 들어가다 보면 공공교육에서 어려움이 발생하기 때문입니다. 종교적 정체성을 갖는 교육기관들은 과감히 영성교육을 시행할 필요가 있다고 봅니다. 그것은 우리 인간이 갖고 있는 중요한 능력적 요소이니까요. 한동대학교에서 행했던 많은 기도 모임이나, 예배와 찬양은 그런 면에서 의미가 있습니다. 영성과 인성이 분리되는 일은 곤란하지요. 그래서 이 둘을 잘 조합하는 것이 중요합니다.

다시 흐름으로 돌아가게 되네요. 믿음은 영성, 욕망은 인성 혹은 지성이 되는 것인가요?

 종교는 욕망을 나쁜 것으로 말해주는 경우가 많습니다. 욕망은 육체적인 것이라고 보는 것이죠. 그래서 영적인 것은 영혼의 것, 욕망은 육체적인 것, 이렇게 구분하는 경향이 있습니다. 그러나 저는 영혼에도 믿음과 욕망이 있고, 육체에도 믿음과 욕망이 있다고 생각합니다. 우리가 지금 건강하다는 것은 믿음이잖아요. 체크해보면 무엇이 나올지 모르죠. 콜레스테롤 걱정을 하면서도 기름진 음식을 먹는 즐거움을 누리고 나면 육체의 욕망에 마음이 상하지요. 육체의 욕망은 편하고 싶고, 욕구를 충족시키고자 하는 것이겠지요. 그러나 매슬로의 인간 욕구의 여러 단계를 생각해보면 결국 인간은 영혼 부분에도 인정받고자 하는 욕구, 자아실현의 욕구 등 많은 욕구가 있습니다. 우리는 이것을 주의 깊게 보고 교육에 넣어야 합니다.

 뇌과학이 발전하면서, 우리의 심리가 계량화되고 있습니다. 앞으로 뇌과학적 성과들이 인성교육에 기여할 것으로 보시는지요?

최근 뇌과학은 눈부신 발전을 하고 있습니다. 심리학 역시 그렇습니다. 우리는 점점 우리의 몸에 대해 깊은 이해를 시작했습니다. 인공지능이라는 도구 역시 발전하고 있습니다. 인공지능은 앞으로 우리와 많은 대화와 협업을 할 도구입니다. 이런 과학의 발전은 우리의 믿음과 욕망의 실체를 이해하는 데 도움을 줄 것이고, 우리가 이것을 실현시키는 표상을 얻어내는 데 도움을 주겠지요. 원자력발전소의 경우 비상상황에서 운전원을 돕는 인공지능 시스템이 있습니다. 당황한 운전원에게 대응할 일을 정확히 알려주는 시스템입니다. 이것은 운전원의 심리를 안정시키고 동시에 생각을 합리적으로 할 여유를 줍니다. 마찬가지로 우리의 삶에서 우리에게 끝없이 객관적인 시각을 말해주는 그런 도구가 생겨난다면, 우리는 감정에 휩싸여 오류를 내거나 상황을 악화시키는 일을 줄이겠지요. 전반적으로 사회의 폭력지수가 내려가면 좋겠어요.

 요즘은 심리적으로 어려움을 겪는 학생들이 많아졌습니다. 특히 우울감은 의욕을 떨어뜨리고 집중을 방해합니다. 그래서 성적이 나빠지고 기회를 놓치는 악순환을 만드는 큰 문제인 것 같습니다. PSC 교육은 우울하지 않고 의욕에 넘치는 사람들에겐 매우 좋은 교육 방식이겠지만 우울한 사람들에겐 고통이 되지 않을까요?

우울한 학생들이 증가하는 현실은 안타깝습니다. 과도한 경쟁과 비교가 빚어낸 결과이죠. 이 문제 역시 PSC 교육에서 함께 다뤄볼 만한 가치가 있는 중요한 사회 문제이며 동시에 개인 문제라고 봅니다. 앞으로의 사회는 의욕을 상실한 사람들에게 손을 내밀고 잡아주는 그런 사회가 되어야겠어요. 사랑의 공동체는 그래서 인성 교육에 매우 중요한 환경이라고 봅니다. 불행하게도 우리 사회엔 왕따라는 문화가 생겼고 학교 폭력이라는 말이 심심치 않게 들립니다. 이런 문화에서 의욕을 잃어가는 학생들이 설 곳은 없습니다. 장애인 친구를 업어서 학교에 데려다주었다는 지인의 이야기를 들었습니다. 이런 사람들이 점점 많아져야 하는데, 경쟁으로만 내몰면 결국 세상은 각박해지지요. 저는 한동대학교에서 이런 학생들을 위한 따듯한 학교 만들기를 위해 나대로 노력했습니다. 서로의 사랑과 관용을 표현할 수 있는 분위기를 만드는 것은 매우 중요합니다. 사실 PSC 교육을 받다 보면 좋은 문제를 발견하게 되잖아요. 그러면 이 문제를 풀고자 하는 목표가 생겨나게 되고, 그 목표는 우울에 빠진 상태에서 벗어나게 해주는 사다리 같은 것이 됩니다. 상담 치유도 사실 우울에서 벗어나게 도와주는 것인데, 도전할 목표를 발견하게 해주는 동일한 효과를 주게 됩니다. PSC 교육이 갖는 타인과의 협업은 경쟁적 비교의 교육환경과 완전히 다른 환경이어서, 경쟁으로 얻어진 우울을 탈출시키는 데 아주 좋은 효과가 있어요.

비전이 절망하게 한다는 이야기도 있습니다. 비전, 꿈만 찾으면 다 된다는 식의 강연이 전국을 휩쓴 지 꽤 오래되었는데요, 선생님은 이 부분을 어떻게 생각하시나요?

 성공한 사람이 자신의 성공을 설명하는 좋은 이야기 방식이라고 봐요. 그러나 우리 인생은 꼭 우리가 꾸는 꿈대로 전개되지도 않고, 이루어지지 않는 경우가 더 많지요. 비전을 품는 것은 믿음과 연관되지요. 비전은 욕망의 대상입니다. 그러니 비전을 품은 학생은 이제 흐름을 시작하게 된 것이죠. 그러나 종종 그 비전이 믿음으로 내재화되지 않을 수 있습니다. 그러면 이 비전은 결핍의 상처가 됩니다. 욕망하지만 이룰 수 없는 것. 신화 속 시시포스가 되는 것이지요. 힘겹게 정상에 도달하는 순간 바위는 다시 굴러 제자리로 돌아갑니다. 고달픈 인생이지요, 그래서 저는 종종 비전은 깨닫는 것이라고 말해줘요.

 비전은 세우는 것이 아니라 깨닫는 것이라는 말씀이세요?

 네, 저는 이 깨달음이 영성이라고 봐요, 우리 인생에서 내가 세운 비전은 나의 욕구인 경우가 더 많습니다. 그러나 인생을 살다보면 전혀 예상치 않은 길로 접어들게 되기도 하고, 원했던 길이 막히기도 하지요. 그리고 간신히 역경을 통과하고 나면 새로운 길이 눈앞에 펼쳐지기도 합니다. 고된 발을 멈추고 나그네와 같은 인생 길에 주저앉아 잠시 생각해보는 것이죠. 나는 왜 이렇게 살고 있고, 왜 이 길을 걸어왔으며, 왜 여기에 있는지. 그러다 보면 홀연히 알게 되는 거죠. 아하 그거구나, 그게 내 인생이구나. 기독교적으로 말하면 계시 같은 것이죠. 저는 이런 상황에서 비전은 욕구가 아닌 믿음으로 변한다고 생각합니다.

그러고 보니 인생의 비전을 깨닫는 것, 찾아내는 것도 인생의 문제를 찾는 일이네요. 장순흥 교육의 P에 해당합니다. 이제 본격적으로 PSC 교육을 성공시키기 위한 인성 부분을 나누고 싶습니다.

제 교육 철학인 PSC를 제대로 구현해내려면 인성을 꼭 갖춰야 합니다. 인성이 좋아야 문제도 잘 해결하고 스스로 공부도 하고 협업도 되거든요. 인성이 정말 중요합니다. 그래서 문제 찾기, 자기학습, 협력의 세 가지 교육 이외에 인성 교육을 잘해야 합니다. 커리큘럼에도 넣어야겠지요.

인성 교육은 어릴 때 가능하고, 종종 가정교육을 통해 효과적으로 형성되는 것으로 이해되고 있습니다. 한동대학교에서 인성 교육 이야기를 했을 때도 다 큰 대학생에게 무슨 인성 교육이냐는 비판이 있었거든요. 그리고 이게 현실적으로 쉽지 않다는 것을 저도 느끼고 있습니다. 선생님, 어떻게 하면 좋을까요?

인성 교육, 이거 정말 굉장히 어려운 문제죠. 어떻게 할 것인가, 참 고민이 많습니다. 그런데, 한번 봐요. 문제를 잘 푸는 사람은 유능한 사람이죠. 그런데 문제를 잘 풀려면 인성이 좋아야 합니다. 좋은 문제가 뭐예요? 좋은 문제는 사실 남의 고통을 해결해주는 문제입니다. 국가의 문제를 해결해주면 참 좋고 더 나아가 우리 인류의 문제를 해결해주면 얼마나 좋은 겁니까? 그러니 아예 생각 자체가 남에게 고정되면 더 좋은 문제를 찾아낼 확률이 높아집니다. 내 한 몸이 편하게 사는 데서 눈을 돌려 남의 고통을 바라보는 것, 다른 사람을 어떻게 하면 더 즐겁게 해줄 수 있는지 고민하는 것, 남들이 어떻게 더 건강하게 살아갈 수 있을지 연구하고 우리 이웃이 조금이라도 더 편안하게 살려면 어떻게 해야 할지 생각하면 문제를 발견할 수 있습니다. 글쎄, 인성 인성 하는데 이게 어떻게 보면 기독교의 핵심인 이웃 사랑 아니겠어요?

선생님께서 한동대학교 총장으로서 한동대학교 학생들의 인성 교육에 많은 정성과 노력을 기울이신 것을 잘 알고 있습니다. 그중에 특별히 기억나시는 것으로 한말씀 부탁드립니다.

한동대학교는 인성 교육 체계가 잘 구축되어 있고, 특히 팀 제도나 생활관을 이용한 레지던스 컬리지(RC) 교육이 아주 훌륭합니다. 그런데 저는 가끔 장애인을 어떻게 하면 도울 수 있을까, 생각하곤 했습니다. 한동대 학생들 가운데도 장애인에 대한 안타까운 마음을 품은 학생들이 꽤 많았습니다. 대표적인 사례가 히스빈스라는 커피숍인데요. 그 당시 한동대학교 학생이었던 임정택 대표가 전신 장애인들이 집에만 틀어박혀 폐쇄적인 삶을 사는 것을 안타까워하여 이들에게 바리스타 교육을 시키고 매장으로 불러낸 것이죠. 이런 좋은 뜻을 이해한 분들이 히스빈스에서 커피를 마시고 우리와 다른 이웃을 생각하게 물꼬를 터준 것도 좋은 일이지만 장애인들이 사회에 나와 타인과 직접 접촉하면서 생의 의미와 활기를 찾게 된 것은 심리학적으로도 매우 중요한 일이었습니다.

그래서 이찬수 목사님께서 새로운 사역에 임정택 대표를 초대한 것이군요. 선생님, 남을 도우면 좋은 일이 많이 생기는데, 개인적으로 경험한 것도 좀 말씀해주시면 독자들께서 선생님이 왜 PSC 교육을 주장하시는지 이해하는 데 큰 도움이 될 것 같습니다.

개인적인 이야기는 늘 조심스럽죠. 말하고 나서 별것 아닌 것을 괜히 말했다 하고 후회할 때가 많거든요. 한 가지 생각나는 것은 남을 가르치다 보면 누구보다 자기 자신이 더 잘 알게 되더라는 경험입니다. 저희 누나는 문과 쪽이어서 그런지 수학을 어려워했죠. 누나에게 수학을 가르쳐주겠다고 했더니 좋다고 하더라고요. 그래서 누나에게 수학을 가르치기 시작했는데, 그때 저의 수학 실력이 정말 왕창 늘었습니다. 제가 수학을 잘 가르친다는 소문이 나는 바람에 어떤 권사님이 자기 아들을 가르쳐달라고 해서 인연을 맺었는데, 나중에 보니 그 아이가 경기고등학교에 입학했더라고요. 얼마 전 한동대에서 송별회를 하는데 그분들이 오셔서 많이 반가웠습니다.

인생을 이만큼 사셨으니 이제 인생에 대한 개인적인 통계 같은 것도 생기셨을 줄 압니다. 동창들의 삶을 살피시면서 좋은 인성 효과를 보셨는지요?

고등학교 동기동창들은 그때 이후 한 50년간 저마다 각기 다른 인생을 살았잖습니까? 그런데 결국 시간이 지나고 보

니 당시에 성적이 좀 떨어져도 인성이 좋았던 친구들이 성공한 경우
가 훨씬 많더라고요. 남을 열심히 돕는 것이 성공의 지름길입니다. 다
시 생각해봐도 그래요. 아무튼 그들은 어떻게든 남을 돕고 있더라고
요. 특히 크게 성공한 사람들이 더욱 그랬습니다. 이런 경향은 의사라
는 직업에서도 마찬가지로 나타납니다. 그저 돈만 벌겠다고 의사가
된 사람은 크게 성공하지 못합니다. 기업도 그래요. 어떻게든 남의 시
간과 인력을 착취하여 이윤을 남기는 데 목적을 둔 회사보다 궁극적
으로는 남을 더 생각하는 회사가 잘됩니다. 그저 '우리 회사만 잘되면
그만이다, 편하게 사업하자' 이런 마인드를 가진 회사는 비전이 없습
니다.

 선생님, 그러고 보니 좋은 인성 중에 남을 생각하고 남의
아픔을 내 아픔으로 여기며, 그것을 문제로 잡는 것은 인성
교육 없이는 잘 안 될 것 같습니다. 하지만 개인주의와 경쟁 위주의
교육체계가 남의 아픔을 내 것으로 여기는 인성을 많이 움츠러들게
합니다. 결국 스스로 학습에도 인성이 필요할 텐데요. 어떤 인성이 필
요한가요?

 네, 셀프러닝에도 인성이 꼭 필요합니다. 셀프러닝이란 곧
스스로 교육하는 것이잖아요? 스스로 공부를 하는 것도 공

부를 왜 하는가에 대한 이유를 명확하게 갖지 못하면 지속하기 어렵습니다. 한동대학교에서 김영길 초대 총장님께서 하셨던 말씀 기억하시죠? "배워서 남 주자" "우리 모두 배워서 남 주자" 하셨던 거요. 배워서 남 주기 위해서, 남을 돕기 위해서 공부를 열심히 한다는 것, 이것이 가장 중요한 인성입니다. 이처럼 타인을 향한 사랑이 있을 때 스스로 하는 공부에 탄력이 붙습니다. 남의 아픔을 바라보고 문제를 발견했으니 그 문제를 해결하려면 공부를 안 할 수가 없잖아요. 그러니 셀프러닝은 저절로 되는 겁니다. 공부하는 것이 사랑하는 것이 된다는 것, 정말 환상적이지 않습니까?

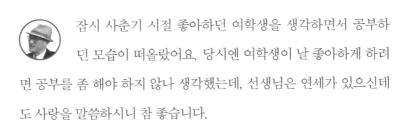

잠시 사춘기 시절 좋아하던 여학생을 생각하면서 공부하던 모습이 떠올랐어요. 당시엔 여학생이 날 좋아하게 하려면 공부를 좀 해야 하지 않나 생각했는데, 선생님은 연세가 있으신데도 사랑을 말씀하시니 참 좋습니다.

교회에서 "사랑하자. 사랑하자" 같은 이야기를 많이 하는데 물론 좋은 이야기입니다. 그런데 진짜 사랑을 하려면 사랑하겠다는 마음이 가장 중요합니다. 사랑하겠다는 마음과 사랑할 수 있는 능력까지 연결되면 그때 비로소 사랑이 실천되는 겁니다. 우리 한번 생각해보죠. 우리는 돈이 전혀 들지 않는 칭찬 하나에도 인색

할 때가 많습니다. 그렇죠? 더 칭찬하고 더 친절하고 더 좋은 제품과 더 좋은 서비스를 만들어내는 것, 이 모든 건 사랑의 마음에서 비롯됩니다. 회사도 마찬가지입니다. 소비자를 더 많이 도와주는 회사가 결국 성공해요.

 선생님은 기업을 운영하진 않으셨지만 우리나라 원전 산업의 대부로 알려져 있습니다. 원자력 산업에서도 이런 인성을 발휘하셨는지요?

원자력발전소를 생각하면서 저는 이걸 더욱더 안전하게 만들어서 국민을 안심시켜드리면 좋겠다, 원자력발전소 설비에 드는 경비를 더 조정해서 국민이 양질의 전기를 더 싸게 마음껏 쓸 수 있게 해드리면 좋겠다, 이런 생각을 했습니다. 그래서 저는 안전성을 높이기 위해 당시에 우리가 수입한 원자로의 설계에 안전 감압 장치라는 것을 더하는 설계를 주장했습니다. 이것이 원자력발전소가 중대 사고로 가는 위험을 막아주거든요. 그 결과 우리가 설계한 원자력발전소가 오리지널보다 열 배 안전한 것으로 평가되었지요. 우리 기술을 나중에 그들도 채택했을 정도입니다. 기분이 아주 좋았어요. 국민을 열 배 더 안심하게 해드렸잖습니까. 그 이후에 또 고민해보니 더 싸게 만들어야겠다는 생각이 들더라고요. 그래서 따져

보았습니다. 건설이라는 게 시간이 많이 걸리는데, 보통 건설하고 나서 인허가를 시작하거든요. 건설과 어느 정도 격차를 두면서 인허가를 병행해도 실은 문제가 없는데 말입니다. 이렇게 해서 건설 공기를 단축했어요. 아시다시피 원전 건설비용은 인허가가 끝나는 시간까지의 금융비용입니다. 이것을 줄이고 나니, 우리나라 원자력발전소가 가장 경제적인 것이 되었습니다. 이 점이 바로 우리나라가 후발주자인데도 수출까지 달려간 핵심 엔진이에요. 이 모두가 우리 국민이 안심하고 마음껏 원자력 전기를 쓸 수 있게 돕자, 라고 마음먹은 데서 비롯된 것입니다.

 선생님 말씀을 듣다 보니 이 부분에서 그런 마음으로 셀프 러닝을 많이 하셨다는 것을 알게 되었어요.

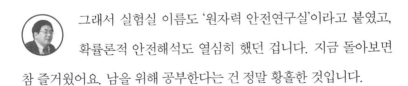 그래서 실험실 이름도 '원자력 안전연구실'이라고 붙였고, 확률론적 안전해석도 열심히 했던 겁니다. 지금 돌아보면 참 즐거웠어요. 남을 위해 공부한다는 건 정말 황홀한 것입니다.

네, 그런 것 같아요. 저는 대학 시절 혼자 도서관에 틀어박혀 면벽수행 하듯이 공부했는데, 지금 돌아보니 저 역시 나 자신만을 위해 공부한 게 아니었던 듯싶습니다. 당시 저는 뭔가 고결

한 진리의 별을 찾고 있었어요. 그 별을 사랑했던 것 같아요. 사랑이 없이는 혼자 공부하기 어렵나니…. 이런 생각이 듭니다. 소년이로학난성(少年易老學難成)이 아니라 소년무이애(小年無易愛) 학난성이구나, 하는 생각입니다. 이제 협업을 위한 인성에 대해 말씀해주시겠어요?

인성과 PSC는 관계가 아주 깊은데 그중에서도 특히 제가 강조하는 것은 협업입니다. 협업이 잘되면 인성 교육도 잘된 거예요. 일이 잘되지 않는 것은 멤버 중 누군가가 다른 사람들과 협력하는 데 서툴거나, 구성원들끼리 협업이 잘되지 않아 그러는 경우가 정말 많습니다. 자기 것만 챙기는 사람과 누가 협력하겠어요? 협력을 잘하려면 타인의 이익을 먼저 살펴야 합니다. 나도 좋지만 상대방도 좋은 그런 쪽으로 나가야 해요. 바로 '윈윈'입니다.

농경사회는 협업이 기본이었죠. 마음 트고 믿을 수 있는 대가족제도가 표준이었습니다. 그러나 이제 핵가족 시대를 지나 개인의 시대로 넘어가면서 인공지능과 대화하며 마음의 안식을 찾곤 합니다. 이런 때 협업은 어떻게 해야 하나요, 혼밥족이 갈수록 늘고 있는 이 마당에 말입니다.

인공지능 시대에도 역시 잘되는 사람은 협업을 잘하는 사람이에요. 인공지능 시대의 핵심이 무엇입니까? 데이터와 알고리즘입니다. 그리고 알고리즘은 이미 상당히 안정적으로 구현되어 정착하고 있습니다. 자, 여기서 생각해보죠. 머신러닝은 데이터를 요구합니다. 그런데 데이터를 어떻게 얻습니까? 타인들이 그냥 데이터를 막 주나요? 그렇지 않습니다. 데이터를 얻으려면 그만한 보상을 해야 합니다. 즐거움을 주든 이익을 주든 뭔가를 주어야 합니다. 그런데 만일 데이터를 공유하지 않는다거나 이건 나만의 비밀이다, 라고 해보세요. 바로 이런 마인드가 인공지능 시대의 강자 등장을 어렵게 하는 요인이 됩니다. 큰사람이 나오지 못하게 되는 거죠. 그러니 우리는 상대방에게 이익을 줘야 나도 원하는 것을 얻는다, 라는 기본 원칙을 잘 이해해야 합니다. 예를 들어, 어떤 데이터는 돈으로 살 수 없습니다. 하지만 우리는 일상에서 어떻게 행동하나요? 종종 흉금을 풀어놓고 내밀한 데이터까지 공유하지 않나요? 식사를 하거나 커피를 마시면서 말이에요.

 그러게 말입니다. 알고리즘이 제아무리 완벽해도 데이터가 없으면 무용지물이죠. 방금 큰사람 이야기를 하셨어요. 인공지능 시대에 과연 그런 큰사람이 나올 수 있을까요?

협업의 달인이 바로 큰사람이라고 봐요. 현대그룹의 정주영 회장을 보세요. 그분이 학교에서 배운 건 없는데, 학벌 말고 아주 강력한 무기가 있습니다. 그분은 일하는 것만큼의 대가를 꼭 챙겨주라고 하더라고요. 제가 여러 회사들을 보았을 때, 크게 성장하는 회사에는 중요한 요인이 있었습니다. 상대방 이익을 먼저 챙겨주는 거 말이에요. 그걸 못 하면 회사가 크지 못해요. 먼저 남을 챙겨주고 비로소 자기를 챙기는 것이 인성입니다. 교수 가운데서도 다른 교수나 학생을 먼저 챙겨주는 교수님이 성장합니다. 학생들은 누가 그런 교수인지 금방 알고요.

선생님께선 성공의 척도를 아주 간단한 예로 들어주셨는데요. 얼마나 타인을 사랑하느냐, 얼마나 타인을 먼저 챙겨주느냐가 관건이라고 하셨습니다. 그리고 이걸 잘 해내면 사람들이 모여들고 네트워크는 점점 더 커진다는 것이지요? 그런데 현실에서는 이렇게 퍼주다가는 금세 망하는 것이 아닌가 하는 걱정이 들기도 하고, 때론 도와주었는데 배신하고 경쟁자를 돕는 사람도 더러 있잖습니까. 선생님 말씀대로 하다가는 오히려 쪼그라들고 망하게 될지 모른다는 불안도 있고요. 이런 건 어떻게 극복해야 할까요?

그게 바로 인성입니다. 결국은 승리한다는 확신이죠. 성경에 이런 말씀이 있어요. "네 떡을 강물에 던져라, 수일 내에 다시 찾으리라." 참 신기하고도 한편으로는 어리석어 보이는 말씀입니다. 강물에서 수일 동안 불어터진 떡을 다시 찾아 대체 뭐 할 건가요? 그런데 여기 비밀이 있습니다. 다시 찾은 떡은 불어터진 떡이 아니란 거예요. 부풀어 오른 막 쪄낸 떡입니다. 그래서 인성은 영성과 함께 가는 거예요.

 저도 인성과 영성은 동전의 양면 같은 것이라고 생각했습니다. 선생님께서는 기독교적 배경을 갖고 계셔서 하나님의 사랑을 강조하시지만, 불교나 다른 종교도 인류애와 선을 쌓으라고 강조합니다. 이런 종교적 가치가 우리 사회를 지탱하고 인류가 약육강식의 야만으로 몰락하는 것을 막아준다고 생각합니다. 인공지능의 시대에 영성은 더욱 빛날 게 틀림없습니다.

 그래요. 이 선생은 어떤 영성을 인성에 접목하고 살아요?

 부끄럽지만 조금 말씀드리면 저는 신이 제 주변에 수많은 비밀 코드를 뿌려놨는데, 그것을 잘 연결하고 발견하면서 살아가는 것이 제 인생의 몫이라고 생각합니다. 이것은 신의 어떤 계획, 선한 뜻을 찾는 과정이죠. 그래서 저는 저에게 다가오는 일들을 웬만하면 거절하지 않고 수행합니다. 왜냐하면 이것이 신의 요청이면 어떻게 하냐는 생각 때문입니다. 그런데 이렇게 저렇게 일을 하다 보면 일이 막힐 때도 있고 뚫릴 때도 있게 마련입니다. 막히면 신이 막아주셨다고 생각하죠. 그래서 저는 제 일을 막은 사람들을 원망하지 않아요. 신이 그들을 이용해서 이 일을 막았구나, 그냥 이렇게 생각합니다. 약간 비과학적인 말씀이지만, 이것은 제가 살아가는 방식이기도 해요. 나름대로 만족하고요. 별로 원망 같은 것이 마음에 생기지 않는 것도 좋은 점 중 하나고요. 성공이나 실패나 저에겐 그저 이벤트에 불과하니까 크게 마음에 두지 않습니다. 그리고 남의 성공에도 별로 큰 관심이 없었어요. 그건 그의 인생이고, 저는 제 인생에 신이 뿌려놓은 비밀 코드의 짝을 맞추는 중입니다. 그러니 저는 어찌 보면 보드게임에 열중한 어린아이 같은 셈이네요.

 이 선생은 가끔 이런 말을 하는 게 매력이에요. 나이든 소년 같아요.

 감사합니다. 제가 제일 좋아하는 말입니다. 그나저나 선생님께서는 인성과 관련해서 정말 많은 경험을 하셨고, 특별한 시각을 갖고 계신데요. 그걸 조금 나눠주시죠.

한동대학교의 교육이 그렇습니다. 지방에 있는 작은 대학이지만, 한동대 학생을 찾는 기업들이 정말 많습니다. 이유는 한동대 학생들은 무언가 남에게 주려고 한다는 것인데요. '배워서 남 주자'는 정신을 실천하는 것이 작은 대학이 크게 느껴지는 비밀입니다.

 누나 분께 수학 가르쳐주셨던 이야기를 조금 더 해주세요.

 아, 제 누이가 저보다 두 살 많아요. 제가 고등학교 1학년 때 누이는 고3이었는데, 제가 고3 수학 숙제를 봐준 거죠. 덕분에 고1이 고3 수학을 척척 풀게 된 겁니다. 그때 제가 서울대 입시 문제를 풀었다니까요. 그래서 자신감이 붙었고 교회에서 교회 학생들을 가르쳤습니다. 수학을 가르쳐줄 테니 교회에 와라, 하고 이야기하면서요. 말하자면 수학으로 아이들을 전도한 겁니다. 덕분에 고등부 학생들이 정말 많아졌답니다. 목사님도 아주 좋아하셨고요.

 정말 동화 같은 이야기에요. '배워서 남 주자'를 이미 경험으로 알고 계셨군요. 이제 디지털 시대로 접어들면서 점점 일자리가 줄어드는 것도 문제지만, 이걸 역으로 활용하면 기술을 잘 활용하여 큰 효과를 얻어내는 고효율 시대를 맞이할 수도 있습니다.

이런 고효율성도 인성과 연관되나요?

 그럼요. 자, 보세요. 영화를 만드는데 컴퓨터그래픽 효과를 사용하는 것이 처음에는 1퍼센트 미만이었지만, 이제 우리나라 영화에서도 CG 비율이 상당히 높아졌습니다. 2022년에 개봉한 〈한산〉을 보세요. 이 영화의 경우 90퍼센트 정도를 컴퓨터그래픽으로 처리했습니다. 예전 같으면 세트장을 만들고 수많은 사람을 동원하여 일사천리로 움직였겠지만 이제는 많이 달라졌어요. 컴퓨터그래픽의 전문가인 교수님을 한동대에 초빙했었는데, 이런 분 한 명과 협업하면 엄청난 효과를 얻어내는 겁니다. 모세의 기적 같은 것도 얼마든지 현실감 있게 만들 수 있습니다. 이제 우리에겐 컴퓨터 기술과 협업하는 것도 너무나 중요한 일이 되었습니다. 이런 경우에도 협업자의 인성이 중요해요. 왜냐하면 컴퓨터그래픽을 배워야만 협업이 되는 건 아니거든요. 그걸 다루는 전문가와 마음이 통해서 한 팀이 되었을 때 비로소 협업이 되는 것이지요. 그래서 전문가를 잘 찾고, 찾았으면 잘 우대하는 것이 중요합니다. 이용만 해먹으려는 사람들도 많지만 전혀 다른 방식으로 전문가를 대하면 얻을 게 많습니다.

전문가를 잘 대하라는 것은 경영의 비법이기도 하죠. 좋은 인재를 구하려면 그만한 대우가 필수입니다. 그런 사례가 있나요?

 앞에서 말씀드린 에코프로가 하나의 예입니다. 에코프로의 대표이사는 재무회계학 출신이라 배터리 전문가가 아니었습니다. 그래서 그는 자신이 보기에 진짜 좋은 사람이라고 판단되면 자기 월급의 열 배를 주고라도 그 사람을 모셔온다는 거예요. 그러던 중 정말 그 정도로 가치 있는 사람이 나타났다는 겁니다. 당시 상황이 어떠했냐 하면, 원래 2차 전지가 리튬하고 코발트로 구성된 것인데요, 코발트 가격이 폭등한 겁니다. 그런데 마침 코발트 양을 줄이고 니켈을 대신하는 기술을 가진 사람이 등장한 겁니다. 양극재의 소재를 니켈 리치로 가는 길을 택했고, 그것이 에코프로가 비약적으로 발전하여 이차전지 양극재 소재 시장을 잡은 결정적인 기회가 되었습니다. 자기 월급의 열 배를 주고 인재를 영입하는 회장이 있는 회사는 확실히 협업의 힘을 아는 것이고 그게 바로 그 회장의 인성인 셈입니다. 인성의 힘인 거죠.

유비가 제갈량을 찾아 삼고초려(三顧草廬) 하던 장면이 떠오릅니다. 전문가를 잘 대우하는 것, 이것도 PSC 교육을 받은 지도자가 갖추어야 할 주요 덕목이군요. 그럼 PSC 플러스 인성, 이것을 선생님의 교육 철학이라고 생각해도 될까요?

그렇습니다. PSC 교육이 그저 성공만을 지향하는 그런 교육이 아니길 바랍니다. 이 교육을 통해 교육에 참여하는 학생이나 멘토나 변화하는 힘을 갖게 되길 바랍니다. 그리고 그 과정과 결과가 이웃이라는 우리의 관심 대상에게 퍼져나가고, 그 이웃이 커져서 우리 사회와 세계가 변화되기를 바랍니다. 좋은 대담을 함께 한 이 선생에게 감사드립니다.

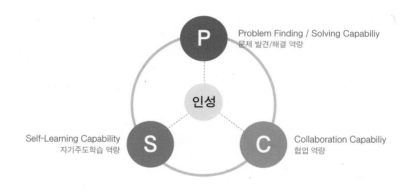

선생님의 귀한 교육에 대하여 알아보고, 이를 위해 누구든지 계발해야 할 인성을 생각하게 된 귀한 시간이었습니다. 대담에 응해주서서 감사드립니다. 여기서도 인성에 관련한 핵심 덕목을 몇 개 요약해주시면 좋겠습니다.

네, 첫째는 겸손한 자존감입니다. 겸손은 비굴한 굴종이 아닙니다. 이것은 오직 자존감(self esteem)이 있는 사람에게만 가능한 덕목입니다. 우리는 종종 자존감이 낮은 상태로 지내곤 하죠. 가장 큰 이유는 스스로를 무시하고 비난하는 마음에 기인합니다. 흔히 반성한다고 하지만 반성이 아니라 비난이 되는 경우가 많지요. 여기서 더 나아가 '나는 안 돼' 하는 식으로 자기를 부정하기도 합니다. 자기에게 스스로 버림받은 사람을 도울 수 있는 길은 거의 없습니다. "하늘은 스스로 돕는 자를 돕는다"라는 말은 바로 자신이 자기 스스로를 돕는 것, 자존감의 중요성을 말하는 것입니다.

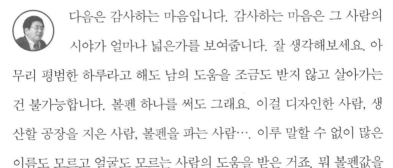 그렇군요, 그다음은 무엇일까요?

다음은 감사하는 마음입니다. 감사하는 마음은 그 사람의 시야가 얼마나 넓은가를 보여줍니다. 잘 생각해보세요. 아무리 평범한 하루라고 해도 남의 도움을 조금도 받지 않고 살아가는 건 불가능합니다. 볼펜 하나를 써도 그래요. 이걸 디자인한 사람, 생산할 공장을 지은 사람, 볼펜을 파는 사람…. 이루 말할 수 없이 많은 이름도 모르고 얼굴도 모르는 사람의 도움을 받은 거죠. 뭐 볼펜값을 치렀으니 다 됐다, 하는 것은 감사하는 마음이 아닙니다. 그런데 제가 보는 감사의 힘은 더 큰 데 있습니다. 우리 일상에도 감사할 것이 가

득하지만, 우리 인생도 감사의 힘으로 덕을 보는 경우가 많죠. 순탄한 인생도 있지만, 살다 보면 별별 어려운 일이 생겨납니다. 변화 앞에 서면 모두가 좋아하지 않지요. 앞으로 어떤 일이 생겨날지, 그 변화에 내가 잘 적응을 할지 알 수 없기 때문입니다. 그러나 이런 변화와 역경 앞에서 감사하는 마음은 역경의 파도를 타고 넘어가게 해주는 조각배 역할을 합니다. 감사하는 마음을 품으면 역경을 오히려 기회로 만들어내는 힘을 내줍니다. 변화와 역경을 이겨내고 발전하는 것이죠. 감사하는 마음은 더하기 빼기의 셈법에서는 나오지 않습니다. 이것은 곱하기 나누기 셈법을 해야 나옵니다. 0을 더해봐야 아무 변화가 없지요. 그러나 0을 곱하면 0으로 없어집니다. 역경에 0을 곱할 줄 알아야 해요. 0을 곱하는 것이 감사하는 마음입니다. 1을 더하면 조금이죠. 하지만 1을 곱하면 생겨나는 거죠. 0을 곱하는가, 1을 곱하는가는 엄청난 변화예요. 0으로 나누면 무한대로 커지죠. 무한한 감사가 가능해요. 감사하는 마음은 인생에 긍정 마음도 주지만 변화를 통해 발전하게 하는 힘을 줍니다. 변화가 와서 감사하다. 이 절망적인 상황을 오히려 감사하게 여기는 것에서 우리는 발전해나갑니다. 변화를 두려워하지 말고 감사하며 달려나가는 마음 그것이 중요합니다.

그렇군요. 겸손한 자존감, 그리고 감사하는 마음, 그다음에는 어떤 마음이 중요할까요?

 열정입니다. 열정은 모든 난관을 극복하고 앞으로 나아가게 하는 힘입니다. 하늘을 날고자 하는 상상과 희망을 많은 사람이 품고 있었습니다. 미국의 경우 어떤 유명한 대학교수에게 국가적으로 엄청나게 지원해서 엔진을 장착한 비행기를 개발하도록 했어요. 하지만 정작 이것을 성공시킨 사람은 자전거 점포를 운영하던 라이트 형제였습니다. 이들은 하늘을 나는 열정에 사로잡혀 형제끼리 서로 격려하며 달려나갔습니다. 어떤 성취든 어떤 이룸이든 거기엔 열정이 도사리고 있게 마련입니다.

 네, 그렇습니다. 하지만 열정은 기질적인 부분도 있지 않을까요? 천성적으로 열정적인 사람도 있지만 사려 깊고 냉담한 사람도 있으니까요.

 물론 기질의 차이도 있습니다. 그러나 일단 목표가 잡히고 해결해야 할 문제가 생기면 모든 사람에겐 비슷한 유형의 열정이 꽃 피게 됩니다. 열정이 드러나는 형태는 우리가 흔히 말하는 냉정과 열정으로 차이가 있는 것처럼 보이지만요.

그렇군요. 인성은 이 모든 부분의 기본이 되는 것 같습니다. 좋은 인성이란 문제해결이나 자기학습, 협력 등과 연계되어 평가할 수도 있지만, 우리가 그저 함께 있으면 좋은 그런 인성도 있습니다. 실제로 아무런 문제를 풀지 않더라도 말입니다. 그래서 좋은 인성을 갖기 위해 인격을 도야하고 여러 가지 인성 교육 프로그램을 고안하는 것 같습니다.

그래요. 인성은 인성 그 자체로도 매우 중요합니다. 사회의 안정과 평화를 위해서 절대적으로 중요한 부분입니다. 그러나 인성 자체의 중요성을 넘어서 인성은 모든 종류의 협력에 반드시 들어가는 핵심 요소입니다. 이걸 간과해서는 안 됩니다. 우리가 많은 성공한 사람을 살펴보면 본인도 훌륭하지만 그의 주변 사람들에게 좋은 협력적 인성이 있었다는 것을 알게 됩니다. 한마디로 좋은 사람을 만나야 일이 굴러가는 것입니다.

선생님, 좋은 말씀 감사합니다. 저도 인격도야를 위해 노력하겠습니다.

# PSC 교육으로
# 미래를 열어갑니다

장순홍 선생님과 긴 대담을 나누었습니다. '장순홍의 교육'이라는 다소 도발적인 제목이지만 교육이란 것이 갑자기 툭 튀어나올 수 없는 성자의 유골 같은 면이 있는지라 대담이 쳇바퀴를 돌면 어떻게 하나 하는 걱정도 있었습니다. 하지만 분명 하나의 울림이 생겨날 것이라는 확신도 했습니다. 그 확신의 배경에는 이분이 다소 독특한 혁신의 경험과 성공을 갖고 있는 분이기 때문이었습니다.

장순홍 선생님은 연구 중심 대학인 KAIST에서 기획처장, 교무처장, 부총장으로 대학 개혁을 주도했습니다. 우리나라 최초로 노벨상을 받은 러플린 총장을 모셔오기도 하고, 이후 미국 최고의 공과대학인 MIT에서 학장으로 재직하셨던 서남표 총장을 모셔와 개혁을 단행했습니다. 이때 카이스트는 학생 모집과 교수들의 처우와 승진 등 전 부분에 혁신을 이루었고, 세계적인 경쟁력을 갖추는 기틀을 마련했습니다. KAIST에서 최초로 시행한 입시는 마침내 국가 입시정책으로 자리했습니다. 연구 중심 대학의 문제를 하나하나 풀어낸 실력은 각종 매체에 잘 담겨있습니다.

또한 장순홍 선생님은 한동대학교에 2014년부터 부임하셔서 8년간 교육 중심 대학의 인성 교육 혁신을 위해 노력하셨습니다. KAIST와 달리 지방 소재의 소규모 대학이 갖는 한계를 혁신의 발판으로 삼아 지진과 COVID의 위험을 슬기롭게 건넜습니다. 새로운 환경에서 발생하는 새로운 문제들을 풀어가는 모습도 잘 살펴보았습니다.

더욱이 장순홍 선생님은 제가 대학원 시절에 겪었던 체르노빌 원자로 사고의 상황에서 신형 원자로 설계에 몰두하였고, 우리나라 고유 원전의 설계가 실제로 반영되는 과정을 모두 풀어내었습니다. 고비 고비마다 기술적인 해결과 더불어 시기적절한 대응은 마침내 우리나라가 원전 수출국으로 자리하는데 크게 기여했습니다. 장 선생님이 KAIST에 교수로 부임하고 나서 얼마 안 되어 저는 그의 학생이 되었으니, 지난 사십여 년 이 모든 여정을 바로 곁에서 혹은 먼발치에서 지켜본 셈입니다. 저는 장순흥 선생님이 한 나라의 산업 하나를 세계적 수준으로 끌어올리는 문제에 천착하여 마침내 그 열매를 손에 쥔 몇 안 되는 진정한 엔지니어라는 점을 잘 알고 있습니다.

장순흥 선생님은 한동대학교 총장으로 부임하셔서도 당면한 많은 문제들을 해결해나가시면서 PSC 교육의 본을 보이셨습니다. 10개 과제를 제시하셨는데, 그중에 첫 번째가 지역발전 프로젝트였습니다. 포항이란 지역의 특성을 고려하여 대학이 지역을 발전시키는 중추적인 역할을 해야 한다는 선생님의 의지는 포항지진이라는 엄청난 재해에서 빛을 발휘했습니다. 당시 한동대학교의 지근거리에 진앙이 있어, 대학의 피해가 엄청났지만, 선생님은 그 원인 규명에 앞장섰습니다. 그 결과 포항 지진은 인근의 지열발전소의 개발과정에 가해진 충격이 단층의 변형을 촉발한 촉발지진임이 판명되었습니다. 이것으로 포항시의 안전에 대한 불안감과 시민들의 트라우마를 잠재우게 되었고, 영일만 산단에 에코프로를 비롯한 굴지의 산업체들이 마음 편히 입주하게 되어 도시의 경제적 가치를 일거에 향상시키는 일을 하셨습니다. 이것은 하나의 작은 사례이고, 선생님은 항상 자기 문제, 스펙, 성적, 진로에만 함몰되지 말고, 이웃의 어려움과 이웃의 문제를 바라보라고 하셨습니다. 돌아보면 한반도가 전쟁의 위기로 치닫던 시절 KEDO원자력 협력의 아이디어를 내신 것이나, 포항의 작은 고아보육시설인 선린애육원에 인공지능으로 튜터를 하여 원생들의 수학실력을 대폭 끌어올리신 것이나, 항상 새로움과 도전은 선생께서 찾아낸 문제들에서 비롯되었습니다. 국가의 위기, 지역의 위기, 대학의 위기, 교육의 위기 등등 수많은 위기를 바라보면서 해결을 위해 최선을 다하는 모습을 저는 곁에서 볼 수 있었습니다.

장순흥 선생님께서 강조하시던 말씀들 중에서 유난히 기억에 남아 곰곰히 생각하게 해주는 몇 마디의 말씀을 다시 떠올려봅니다.

"문제가 지식보다 중요하다".
"연구 중심 대학이다, 교육 중심 대학이다, 나누어 말하는데, 문제 중심 대학이면 둘 다 하나가 된다. 문제를 풀다 보면 연구도 되고, 문제를 풀다 보면 지식도 늘어난다."
"대학이 지역을 살리는 중심이 되어야 한다. 지역에는 전 인류의 문제가 다 들어 있다. 자기 주변의 문제도 못 풀면서 무엇을 하겠는가?"

이런 말씀이 녹아 있는 선생님의 일생은 연구와 교육의 다양한 환경에 던져지는 문제를 잘 발견하고, 스스로 학습하여 길을 찾고, 남과 협업하여 마침내 풀어내는 삶의 연속이었습니다. 저는 이 같은 이유에서 '장순흥의 교육'이라는 제목으로 그의 대담자가 되기로 결심했습니다. 교육 분야에는 수많은 전문가가 있고 그들이 말하는 이론과 실제들도 수없이 많지만, 저는 그의 성과들을 보면서 어떤 교육관이 그를 이렇게 만들었을까 하는 궁금증이 일었습니다. 긴 세월 동안 사람들을 가르친 교육자로서 그의 참모습을 드러내고 싶은 욕심도 있었습니다. 과학자들의 첨예한 경쟁 속에서도 장순흥 선생님은 늘 협력을 유도해냈고, 국가 간 경쟁 속에서도 협력을 만들어내는 것을 보았기에 저는 그와의 대담에서 문제발견, 자기학습, 협력이라는 키워드를 들으며 핵심을 찌르는 타고난 교육자의 오라(aura)를 확인할 수 있었습니다. 저는 장순흥표 교육인 PSC 교육이야말로 우리 교육의 미래를 여는 귀중한 나침반이 될 것이라고 확신합니다.

* 『천 개의 고원_자본주의와 분열증 2』, 펠릭스 가타리, 질 들뢰즈 지음, 새물결(2001). 나무형 이동과 리좀형 이동, 고원의 이동과 등산의 이동을 생각하게 해준다.

* 재러드 다이아몬드(1937. 9. 10. 미국) UCLA 지리학과 교수, 『제3의 침팬지』(1991), 『총, 균, 쇠』(1997, 퓰리처상 수상), 『붕괴』(2005), 『어제까지의 세계』(2012), 『격변』(2019) 등의 저술로 잘 알려진 과학저술가이다.

* 리처드 파인만(1918~1988) 1965년 노벨 물리학상 수상자. 나노과학의 아버지로 알려져 있으며, 『파인만 씨 농담도 잘하시네요』라는 자전적 에세이와 『물리학 강의 I,II,IIi』 등의 저술을 남겼다. 파인만은 우주선 챌린저호가 공중 폭발한 사고의 원인으로 낮은 온도에서 굳어지는 오링의 재료를 지적하였다.

* 로버트 러플린(Robert Betts Laughlin, 1950~) 미국, MIT(매사추세츠 공과대학) 대학원 물리학 박사. 1998년 노벨 물리학상(새로운 형태의 양자유체 발견, 분석) 수상. 2004.07~2006.07 제12대 카이스트 총장 역임.

* 아인슈타인 (독일 1879. 3. 14. 1955. 4. 18.)
  김나지움 중퇴, ETH(스위스) 물리학 전공
  1905 광양자설, 브라운운동의 이론, 특수상대성이론 연구 발표
  1921 노벨물리학상

* 쥘 베른(1828~1905) 프랑스의 SF, 모험 소설가. 『기구를 타고 5주간』(1863), 『지구 속 여행』(1864), 『지구에서 달까지』(1865), 『달나라 탐험』(1869), 『그랜트 선장의 아이들』(1867~1868), 『해저 2만리』(1869), 『80일간의 세계일주』(1873), 『신비의 섬』(1874), 『15소년 표류기』(1888) 등의 소설로 사랑을 받고 있다. 『해저 2만리』에 등장하는 '노틸러스'는 이후 최초의 핵잠수함의 이름이 되기도 했다.

* 『로마제국사』, 인드로 몬타넬리 지음, 김정하 옮김. 까치. 1천2백년의 로마제국의 역사를 서술한 책이다.

\* 『로마인 이야기』, 시오노나나미 지음, 김석희 옮김, 한길사(2008), 전15권. 인물에 초점을 맞추어 로마를 설명한 인문교양서다.

\* 『최재천의 공부, 어떻게 배우며 살 것인가』, 최재천, 안희경 지음, 김영사(2022). 하버드대학에서 공부하고 서울대학교와 이화여자대학교에서 교수 생활을 한 최재천 교수는 통섭이란 화두를 세상에 던졌다. 이 책은 공부라는 화두를 놓고 대담한 책으로 인생에서 공부의 필요, 우리나라 공부의 문제, 공부의 미래를 설명했다.